Wintergemüse

AUTORIN: IRA KÖNIG | FOTOS: JÖRN RYNIO

Praxistipps

4 Warenkunde: von Kohl bis Teltower Rübchen, Wissenswertes zu den einzelnen Sorten
6 Einkauf und Lagerung von Wintergemüse
7 Die perfekte Zubereitung
64 Wintersalate, Chutneys und Pickles

Umschlagklappe hinten:
Desserts mit Wintergemüse
Klassiker mit Kartoffeln: Klöße, Salat und Suppe

Extra

Umschlagklappe vorne:
Die 10 GU-Erfolgstipps – mit Gelinggarantie für leckeres Wintergemüse

60 Register
62 Impressum

Genuss aus der Kälte

Winterzeit ist Gemüsezeit – freuen Sie sich auf eine reichhaltige Auswahl an knackfrischen Knollen, Wurzeln, Rüben und Kohl satt!

Steckrüben, auch Kohlrüben genannt, haben ein aprikosenfarbenes, feines Fruchtfleisch und einen leicht süßlichen, sehr aromatischen Geschmack. Steckrüben harmonieren besonders gut mit Gewürzen wie Ingwer, Curry und Kreuzkümmel. Ebenso wie Kohlsorten können auch Steckrüben empfindlichen Mägen schaden, deshalb sollten Sie mit etwas beruhigendem Koriander oder Kümmel würzen.

Kohl ist das wohl bekannteste Wintergemüse. Zu seiner großen bunten Familie zählen Rotkohl, Weißkohl, Rosenkohl, Wirsing und auch Grünkohl. Eines haben alle gemeinsam: ihre gesundheitsfördernde Wirkung.

Topinambur wird wegen seines feinen aromatischen Geschmacks auch Erdartischocke genannt. Die buckelige kleine Knolle ist eine wahre Entdeckung für die gesunde Winterküche. Topinambur lässt sich ganz einfach verarbeiten und ist auch für Kochanfänger bestens geeignet! Er schmeckt roh geraspelt, mit Schale gekocht und gebraten.

Pastinaken und Petersilienwurzeln sehen sich nicht nur ähnlich, auch im Geschmack ähneln sie sich – aber der von Petersilienwurzeln ist noch intensiver. Pastinaken haben einen leicht süßlichen Geschmack, der zwischen Möhre und Petersilie liegt. Petersilienwurzeln sind eine spezielle Petersilienart und ein beliebter Aromageber für Eintöpfe und Suppen. Man kann auch die Blätter der Pflanze verwenden. Pastinaken und Petersilienwurzeln lassen sich meist gut austauschen,

Suppengemüse – es besteht hauptsächlich aus Möhren, Lauch und Knollensellerie – manchmal wird es auch durch Petersilienwurzeln ergänzt. Ein Hoch auf das Dreigespann, das Eintöpfen, Suppen, Saucen und Schmorgerichten die geschmackliche Basis gibt. Sie alle werden zwar das ganze Jahr bei uns angeboten, gehören aber zu den klassischen Wintergemüsen, da sie gut zu lagern sind und den winterlichen Speisezettel bereichern.

Schwarzwurzeln sind ein Geschenk für Genießer! Früher wurden die dunkelbraunen Stangen »Spargel des kleinen Mannes« genannt. Geschmacklich erinnert das helle Fruchtfleisch auch an das Edelgemüse, doch von seinen Nährwerten übertrifft es die Spargelstangen um Längen.

Teltower Rübchen kommen lange nicht so harmlos daher, wie ihr Name vermuten lässt. Denn hat man sie einmal probiert, ist man ihrem süßlichen und feinscharfen Geschmack völlig verfallen. Die Stadt Teltow in Brandenburg ist die Heimat der feinen Delikatesse. Dort gibt es die sandigen Böden, die der kleinen Rübe ihren exzellenten Geschmack geben. Ihre Saison ist leider nur kurz – von Oktober bis Dezember.

Rote Bete sind ein Multitalent! Ihr feiner erdiger, leicht süßlicher Geschmack verträgt sich mit Speck und Zwiebeln ebenso wie mit Äpfeln und Honig. Es wäre deshalb zu schade, sie nur als Sauergemüse in Gläser zu quetschen. Sie können gekocht, roh geraspelt, püriert oder als Saft getrunken werden.

Rezepte

8 Gemüse davor

9	Birnen-Lauch-Schiffchen	14	Zwiebelsuppe
10	Zweierlei Zwiebelschmalz	14	Petersilienwurzelsuppe
11	Sellerie-Nuss-Aufstrich	16	Winter-Antipasti
11	Pastinaken-Pilz-Crostini	18	Sauerkrauttaschen
12	Gemüse-Steinpilz-Pastete	18	Rote-Bete-Carpaccio

20 Gemüse dazu

21	Chicorée mit Maronen	28	Wirsing süßsauer
22	Schwarzwurzeln in Chili-Nuss-Butter	28	Kürbis mit Thymianbutter
23	Überbackener Spinat	30	Topinambur mit Sesam und Koriander
23	Orangen-Wirsing	31	Hagebutten-Rosenkohl
24	Lauchgemüse mit Lachs	31	Italienische Steckrüben
24	Topinambur-Weizen	32	Linsensalat mit Sellerie
26	Rosenkohl-Kartoffelpüree	32	Rosenkohl-Weizen-Salat

34 Gemüse als Hauptsache

35	Gemüse vom Blech	46	Kürbis-Nudel-Auflauf
36	Lauchkuchen	48	Rote-Bete-Gnocchi in Gemüserahm
36	Steckrüben mit Huhn	50	Weißkohltopf
38	Spinatklöße in Ricotta-Tomatensauce	50	Rotkohl-Graupen-Topf
40	Radicchio-Risotto	52	Gemüse-Couscous
40	Kabanossi-Krautfleckerl	52	Sauerkrautpfannkuchen
43	Schwarzwurzel-Quiche	54	Rosenkohlpfanne mit Lamm
44	Rübchen in Orangenrahm	56	Grünkohl-Pasta
44	Süßkartoffel-Curry	56	Grünkohl mit Kartoffeln
46	Wirsing-Lamm-Lasagne	58	Sellerie-Quitten-Gulasch

Gut einkaufen und klug lagern

Gemüse schmeckt frisch am besten! Damit Sie bei Einkauf, Lagerung und Zubereitung immer richtig liegen, hier die wichtigsten Infos dazu.

Der Einkauf

Die meisten Wintergemüse werden von Oktober bis Februar im Handel angeboten. Die gängigen Sorten sind in jedem Supermarkt erhältlich. Exoten wie Topinambur, Teltower Rübchen oder auch den empfindlichen Winterspinat gibt es beim Gemüsehändler oder auf dem Wochenmarkt. Beim Einkaufen gibt es nur wenige Dinge zu beachten. Die Ware muss unbeschadet sein und keine gelblichen Verfärbungen oder Fraßspuren aufweisen. Die Oberflächen sollen möglichst prall und fest sein und appetitlich aussehen. Für Geschmack und Inhaltsstoffe ist es immer am besten, das Gemüse so frisch wie möglich zu verzehren.

Grünkohl, Rosenkohl und Feldsalat werden sogar noch bei Frost geerntet und landen so besonders frisch auf unseren Tellern. Bei Minusgraden wird bei manchen Sorten ein Teil der enthaltenen Stärke in Zucker umgewandelt. Diese Reaktion macht zum Beispiel Grünkohl oder Rosenkohl bekömmlicher und den Geschmack milder.

Pastinaken schmecken am besten, wenn sie nicht länger als ca. 20 Zentimeter sind. Größere und ältere Exemplare sind oft holzig. Beim Kauf sollte die Haut straff sein und das Fruchtfleisch auf Druck nicht nachgeben.

Steckrüben Auch hier sollten Sie zu kleineren Exemplaren greifen, ihr Fruchtfleisch ist dann besonders zart. Hände weg von Steckrüben, die bereits beschnitten bzw. in Stücken angeboten werden oder grünliche Stellen aufweisen.

Schwarzwurzeln sollen gerade gewachsen und möglichst dick sein. Außerdem unbeschädigt, da sonst ihr weißer Milchsaft austritt und die Wurzel innerlich vertrocknet.

Die Lagerung

Die meisten Gemüse werden im Spätherbst geerntet und können bis Anfang des nächsten Jahres gelagert werden, deshalb nennt man sie auch »Lagergemüse«. Dazu zählen zum Beispiel Kartoffeln, Kürbis, Weiß- und Rotkohl, Wirsing, Möhren, Knollensellerie, Lauch, Rote Bete, Pastinaken, Steckrübe und Zwiebeln. Lagerfähiges Obst sind nur Äpfel, Birnen und Quitten. Für die Lagerung zu Hause gilt: So kurz wie möglich! Länger als eine Woche sollte man Gemüse auch im Kühlschrank nicht lagern, denn frisch verzehrt ist Gemüse nicht nur nährstoffreicher, es schmeckt auch besser!

Zum Lagern von Kartoffeln, Kohlköpfen oder großen Kürbisfrüchten braucht man einen kühlen, aber frostfreien, gut belüfteten dunklen Raum, beispielsweise einen Keller oder eine Speisekammer. Kleinere, handlichere Sorten wie Rote Bete, Schwarzwurzeln, Pastinaken oder Steckrüben können im Gemüsefach des Kühlschranks verstaut werden.

Wenn etwas übrig geblieben ist von Kohl, Steckrübe etc.: die Schnittfläche mit Folie bedecken und im Kühlschrank aufbewahren. Empfindliche Sorten wie Spinat und Feldsalat sollten in einem verschlossenen, mit Luft aufgeblasenen Plastikbeutel im Gemüsefach aufbewahrt werden.

Perfekte Zubereitung

Generell gilt: Gemüse frisch verarbeiten und so lang wie nötig, aber so kurz wie möglich in wenig Flüssigkeit garen! Manche Sorten können sogar mit Schale gegessen werden.

Pastinaken haben je nach Größe der Stücke eine Garzeit von 10–15 Minuten. Sie werden nur unter fließendem Wasser sauber gebürstet, eventuell geschält. Lecker in Eintöpfen, Schmorgerichten oder solo.

Steckrüben werden geschält, in Stücke geschnitten und je nach Größe in 15–20 Minuten gegart. Sie schmecken besonders gut in Wintereintöpfen, Pfannengerichten, als Püree, glasiert oder gedünstet als Gemüsebeilage mit frischer Petersilie.

Kohl ist das klassische Wintergemüse. Weiß-, Rotkohl und Wirsing werden geputzt, Strunk und dicke Blattrippen herausgeschnitten. Für Rouladen werden die Blätter 1–2 Minuten in Salzwasser gegart. Bei Rosenkohl wird der Strunk über Kreuz eingeschnitten, die Röschen garen 10–15 Minuten.

Topinambur hat eine unebene Oberfläche und wird meist mit Schale in kochendem Wasser in 12–15 Minuten gegart und anschließend geschält. Er schmeckt als Püree, Pfannengericht oder Beilage mit Olivenöl, Kräutern und Knoblauch. Für Rohkostsalate nimmt man Knollen, die nicht so uneben sind, schält sie einfach mit dem Sparschäler, oder isst die gut gesäuberte, dünne Haut einfach mit.

Petersilienwurzeln gehören klassisch in den Eintopf. Aber auch ganz schlicht in Brühe gegart, mit etwas Butter und Petersilie verfeinert, schmecken sie wunderbar zu Fisch und Geflügel. Ihre Garzeit beträgt 15–20 Minuten.

Teltower Rübchen werden geputzt, geschält und je nach Größe in wenig Flüssigkeit 10–15 Minuten gegart. Sie schmecken am besten mit milden Zutaten, die ihren feinen Geschmack nicht überdecken.

Rote Bete gart man meist im Ganzen mit Schale. Sie wird nur gewaschen, je nach Größe zwischen 30–50 Minuten in Wasser gekocht und anschließend geschält. Rote Bete schmeckt hervorragend als Salat: roh mit Äpfeln, Ingwer, Honig und Nüssen oder gekocht mit Vinaigrette.

Gemüse davor

Im Winter sind die Abende lang – was gibt es da Schöneres, als mit Freunden oder der Familie gemütlich gemeinsam zu essen. Diese Vorspeisen liefern dazu den passenden kulinarischen Auftakt. Die Chicoréeschiffchen mit Birnen-Lauch-Salat und herzhaftem Käse werden Ihnen sicher viel wärmendes Lob von Ihren Gästen einbringen.

Birnen-Lauch-Schiffchen

2 Stangen Lauch (ca. 500 g) | Salz
30 g Kürbiskerne
1 große Birne (z. B. Williams Christ)
3 EL Essig (z. B. Apfelessig)
50 ml kräftige Gemüsebrühe
je 1 EL körniger und mittelscharfer Senf
1 TL flüssiger Honig
5 EL Olivenöl
1 Chicorée (ca. 250 g)
Pfeffer
150 g Camembert

Für 4 Portionen | 40 Min. Zubereitung
Pro Portion ca. 350 kcal, 12 g EW, 27 g F, 13 g KH

1 Den Lauch putzen, die Stangen längs halbieren und waschen. Lauch in dünne Scheiben schneiden und in kochendem Salzwasser 1–2 Min. garen. Abgießen, abschrecken und gut abtropfen lassen.

2 Kürbiskerne in einer Pfanne ohne Fett unter Rühren anrösten. Herausnehmen und abkühlen lassen. Birne waschen, vierteln und entkernen. Fruchtfleisch in kleine Würfel schneiden.

3 Essig, Brühe, Senf und Honig verrühren und mit Salz würzen. Öl unterrühren. Die Vinaigrette mit Lauch und Birnenwürfeln mischen. Vom Chicorée vorsichtig 8 große Blätter ablösen, waschen und vorsichtig trocken tupfen. Restlichen Chicorée putzen und den Strunk herausschneiden. Den Chicorée waschen, trocken schleudern und in Streifen schneiden. Chicoréestreifen unter den Lauch heben. Salat mit Salz und Pfeffer abschmecken.

4 Camembert in kleine Würfel schneiden. Den Salat in die 8 Chicoréeblätter füllen, mit Camembert und Kürbiskernen bestreuen und mit Pfeffer würzen.

gut vorzubereiten
Zweierlei Zwiebelschmalz

Jetzt gibt's was aufs Brot! Hier sorgen reichlich geröstete Zwiebeln und ausgesuchte Gewürze für den herzhaften Geschmack.

400 g Zwiebeln | 400 g Kokosfett | 100 ml Sonnenblumenöl | 6 Zweige Thymian | 50 g in Öl eingelegte getrocknete Tomaten | 50 g gehackte Mandeln | abgeriebene Schale von ½ Bio-Zitrone | 2 TL Salz | 30 g frischer Ingwer | 100 g getrocknete Aprikosen | 1 gestrichener TL Chiliflocken | ½ TL gemahlener Kreuzkümmel

Für 4 Gläser à 200 ml | 50 Min. Zubereitung
Pro Glas ca. 1315 kcal, 5 g EW, 135 g F, 18 g KH

1 Zwiebeln schälen und fein würfeln. 200 g Kokosfett und 50 ml Öl erhitzen und die Hälfte der Zwiebeln zugeben und garen. Inzwischen den Thymian waschen, trocken schütteln, Blättchen zugeben. Tomaten abtropfen lassen, fein hacken, mit Mandeln, Zitronenschale und 1 TL Salz zugeben und unter Rühren 10 Min. bei mittlerer Hitze garen.

2 Zwiebelfett vom Herd nehmen und kurz abkühlen lassen. In vorgewärmte Gläser füllen, auskühlen und im Kühlschrank fest werden lassen.

3 200 g Kokosfett und 50 ml Öl erhitzen und übrige Zwiebeln zugeben und garen. Inzwischen den Ingwer schälen und fein reiben. Aprikosen fein würfeln. Ingwer, Aprikosen, Chiliflocken, Kreuzkümmel und 1 gestrichenen TL Salz zugeben und unter Rühren 10 Min. bei mittlerer Hitze garen.

4 Zwiebelfett vom Herd nehmen und kurz abkühlen lassen. In vorgewärmte Gläser füllen und auskühlen lassen. Im Kühlschrank fest werden lassen.

AUSTAUSCH-TIPP
Thymian kann je nach Belieben ganz einfach durch die gleiche Menge getrockneten Majoran, Kräuter der Provence oder Bohnenkraut ersetzt werden.

preiswert | etwas Besonders

Sellerie-Nuss-Aufstrich

300 g Knollensellerie | Salz | 1 EL frisch gepresster Zitronensaft | 100 g Walnusskerne | 50 g Parmesan | 180 ml Olivenöl | Pfeffer

Für 4 Portionen | 40 Min. Zubereitung
Pro Portion ca. 630 kcal, 9 g EW, 64 g F, 4 g KH

1 Sellerie schälen, putzen und in kleine Stücke schneiden. Sellerie in einen kleinen Topf geben und knapp mit Wasser bedecken. ½ TL Salz und Zitronensaft zugeben, aufkochen lassen und in 10–15 Min. garen. Den Kochsud abgießen, das Gemüse auf der ausgeschalteten Herdplatte kurz ausdämpfen, anschließend abkühlen lassen.

2 Walnüsse in einer Pfanne ohne Fett unter Rühren goldbraun rösten, bis sie duften. Herausnehmen und abkühlen lassen.

3 Käse fein reiben. Nüsse fein hacken. Sellerie fein pürieren, Nüsse, Käse und Öl langsam unterrühren und mit Salz und Pfeffer würzen.

für Gäste | preiswert

Pastinaken-Pilz-Crostini

250 g Pastinaken | 250 g braune Champignons | 1 Zwiebel | 4 EL Olivenöl | Salz | Pfeffer | 2 EL trockener Sherry | 1 EL frisch gepresster Zitronensaft | 1 TL mittelscharfer Senf | 1 EL Schmand | 12 Scheiben Baguette | 1 Beet Kresse

Für 4 Portionen | 40 Min. Zubereitung
Pro Portion ca. 290 kcal, 21 g EW, 14 g F, 33 g KH

1 Pastinaken schälen, Pilze putzen, beides 5 mm groß würfeln. Zwiebel schälen und fein würfeln.

2 Öl in einer Pfanne erhitzen. Pastinaken, Pilze und Zwiebel darin 10 Min. zugedeckt bei mittlerer Hitze garen, salzen und pfeffern. Mit Sherry ablöschen und offen 3–4 Min. garen, bis die Flüssigkeit verdampft ist. Vom Herd nehmen, abkühlen lassen.

3 Pastinaken-Pilz-Masse mit Zitronensaft, Senf und Schmand mischen, salzen, pfeffern. Brotscheiben rösten, Pilzmasse darauf verteilen. Kresse vom Beet schneiden, Crostini damit garnieren.

raffiniert | braucht etwas Zeit

Gemüse-Steinpilz-Pastete

Optisch und geschmacklich ein Hit: diese edle Pastete eignet sich wunderbar als weihnachtliche Vorspeise oder als Highlight auf Ihrem Silvesterbüfett!

220 g Mehl
100 g kaltes Gänseschmalz
5 Eier (L) | Salz
2 EL Weißweinessig
500 g Schwarzwurzeln
500 g vorwiegend festkochende Kartoffeln
1 Möhre | 100 g Lauch
2 TL Butter
100 g würziger Comté (franz. Hartkäse)
10 g getrocknete Steinpilze
2 EL Speisestärke
6 Zweige Thymian
Pfeffer | 1 Eigelb (L)

Für 1 Kastenform von 1,5 l Inhalt (16 Scheiben)
2 Std. Zubereitung | 75 Min. Backen
Pro Scheibe ca. 195 kcal, 7 g EW, 11 g F, 16 g KH

1 Mehl, Schmalz, 1 Ei und ½ TL Salz zu einem glatten Teig verkneten und 1 Std. kalt stellen.

2 Inzwischen in einer Schüssel Wasser und Essig mischen. Schwarzwurzeln schälen (dabei Einweghandschuhe tragen), in 4 cm lange Stücke schneiden und sofort in das Essigwasser legen. Kartoffeln schälen und in Stücke schneiden. Schwarzwurzeln und Kartoffeln waschen, in einen Topf geben, knapp mit Wasser bedecken, salzen, aufkochen und bei mittlerer Hitze zugedeckt in 20 Min. garen. Anschließend abgießen, auf der ausgeschalteten Herdplatte ausdämpfen lassen, fein zerstampfen und die Masse abkühlen lassen.

3 Möhre schälen, putzen und fein würfeln. Lauch putzen, waschen und fein würfeln. 2 TL Butter zerlassen, Möhre und Lauch mit 1–2 Prisen Salz und 2–4 EL Wasser hinzugeben und 3 Min. dünsten. Gemüse abgießen und abtropfen lassen. Käse fein reiben. Steinpilze im Blitzhacker fein mahlen.

4 Schwarzwurzel-Kartoffel-Püree, Stärke und 4 Eier glatt verrühren. Käse, Möhre, Lauch und Pilzpulver unter das Püree heben. Thymian waschen, trocken schütteln, Blättchen fein hacken und zum Püree geben. Masse kräftig mit Salz und Pfeffer würzen.

5 Ofen auf 180° vorheizen. Eine Kastenform fetten, mit Mehl ausstäuben. Drei Viertel vom Teig 2–3 mm dick auf einer bemehlten Arbeitsfläche ausrollen, passende Rechtecke für Boden und Wände der Form ausschneiden. Die Form damit auslegen und die Püreemasse einfüllen und glatt streichen.

6 Aus dem übrigen Teig zwischen zwei Lagen Frischhaltefolie einen Deckel ausrollen und aus dem Deckel drei kleine Herzen ausstechen. Teigplatte auf die Masse legen und an den Rändern festdrücken. Eigelb verquirlen und die Pastetenoberfläche damit einstreichen. Herzen auf den Deckel setzen, mit Eigelb bestreichen. Pastete im Ofen (unten, Umluft 160°) 75 Min. goldbraun backen. Aus dem Ofen nehmen und auskühlen lassen. Pastete in Scheiben schneiden. Dazu passt ein gemischter Salat.

wärmend | ganz einfach
Zwiebelsuppe

500 g Zwiebeln
2 EL Butter
100 ml trockener Weißwein
50 ml trockener Sherry
800 ml Gemüsebrühe
1 Lorbeerblatt
1 TL getrockneter Majoran
1 TL edelsüßes Paprikapulver
½ TL Kümmelkörner
Salz | Pfeffer
4 Scheiben Vollkorntoast
100 g Raclette-Käse
Zucker | 3 Stiele glatte Petersilie

Für 4 Portionen | 35 Min. Zubereitung
Pro Portion ca. 245 kcal, 34 g EW, 12 g F, 18 g KH

1 Zwiebeln schälen und in dünne Ringe schneiden oder hobeln. Butter in einem Topf erhitzen und die Zwiebeln darin kurz glasig dünsten.

2 Mit Wein, Sherry und Brühe ablöschen. Lorbeer, Majoran, Paprika und Kümmel zugeben. Suppe mit Salz und Pfeffer würzen. Unter Rühren aufkochen und bei mittlerer Hitze 15–18 Min. köcheln lassen.

3 Backofengrill vorheizen. Toast goldbraun rösten. Käse grob reiben. Fertige Suppe mit Salz, Pfeffer und Zucker abschmecken. Toast in Stücke zupfen. Suppe in ofenfeste Tassen oder Teller geben. Toastbrotstücke darauf verteilen und mit dem geriebenen Käse bestreuen. Unter dem heißen Grill überbacken, bis der Käse zerlaufen ist. Inzwischen die Petersilie waschen, trocken schütteln und hacken. Überbackene Suppe mit Petersilie bestreuen.

lässt sich vorbereiten
Petersilienwurzelsuppe

600 g Petersilienwurzeln
1 großer rotschaliger Apfel (z. B. Elstar)
1 Stange Lauch
200 g Kartoffeln
5 EL Öl
1,3 l Gemüsebrühe
1 TL getrockneter Majoran
frisch gepresster Zitronensaft
3–4 Stiele krause Petersilie
Salz | Pfeffer

Für 4 Portionen | 55 Min. Zubereitung
Pro Portion ca. 245 kcal, 5 g EW, 16 g F, 17 g KH

1 Die Petersilienwurzeln putzen, waschen und in kleine Stücke schneiden. Den Apfel waschen, vierteln und entkernen. Ein Apfelviertel beiseitelegen, restliche Viertel schälen und in kleine Stücke schneiden. Lauch putzen, waschen und in Ringe schneiden. Die Kartoffeln schälen, waschen und in Stücke schneiden.

2 Öl in einem großen Topf erhitzen. Vorbereitete Zutaten darin unter Rühren 3–4 Min. andünsten. Brühe und Majoran zugeben, aufkochen und 20–25 Min. köcheln lassen.

3 Übriges Apfelviertel in kleine Würfel schneiden und mit Zitronensaft beträufeln. Petersilie waschen, trocken tupfen, Blätter abzupfen und fein hacken.

4 Die Suppe fein pürieren, salzen und pfeffern. Suppe mit Apfelwürfeln und gehackter Petersilie bestreut servieren. Dazu schmeckt Roggenbrot.

für Gäste
Winter-Antipasti

Es ist doch einfach zu schön, sich mit netten Menschen um eine große Platte mit Leckereien zu versammeln und nach Herzenslust alles durchzuprobieren.

1 Hokkaido-Kürbis (ca. 800 g)
1 Bio-Orange | 8 EL Olivenöl
1 Knoblauchzehe
250 ml Gemüsebrühe
Salz | Pfeffer
3 Stiele glatte Petersilie
2 Stangen Lauch
1 Bio-Zitrone
½ TL getrockneter Thymian
50 g Pinienkerne
100 g Sahne
500 g Rote Bete (vorgegart, vakuumverpackt)
2 EL Sherryessig
½ TL gemahlener Koriander
2 Frühlingszwiebeln
250 g Mozzarella

Für 4–6 Portionen | 60 Min. Zubereitung
Für 6 pro Portion ca. 435 kcal, 12 g EW, 36 g F, 15 g KH

1 Kürbis waschen, putzen, vierteln und die Kerne entfernen. Fruchtfleisch in 1 cm dicke Spalten schneiden. Orange waschen, abtrocknen, Schale fein abreiben, den Saft auspressen.

2 3 EL Öl in einer großen beschichteten Pfanne erhitzen und die Kürbisspalten darin kurz von beiden Seiten anbraten. Knoblauch schälen und zum Kürbis pressen. 150 ml Brühe, Orangensaft und -schale zugeben und mit Salz und Pfeffer würzen. Aufkochen und 5–8 Min. bei mittlerer Hitze bissfest garen, dabei einmal wenden. Vom Herd nehmen und im Sud auskühlen lassen. Mit Salz und Pfeffer würzen. Petersilie waschen, trocken schütteln, hacken und über die Kürbisspalten streuen.

3 Lauch putzen, waschen und schräg in 2 cm dicke Scheiben schneiden. Zitrone waschen, abtrocknen, Schale abreiben und den Saft auspressen. Thymian waschen, trocken schütteln und die Blättchen abzupfen. Pinienkerne in einem weiten Topf ohne Fett unter Rühren goldbraun rösten. Herausnehmen und auskühlen lassen.

4 3 EL Öl in den heißen Topf geben und den Lauch darin kurz anbraten. Mit 100 ml Brühe ablöschen, Zitronenschale und Thymian zugeben. Bei mittlerer Hitze zugedeckt 5 Min. garen. Sahne zugießen, aufkochen, 2–3 Min. köcheln lassen und mit Salz, Pfeffer und 1 TL Zitronensaft würzen. Vom Herd nehmen und auskühlen lassen. Mit Pinienkernen bestreuen.

5 Rote Bete in 2–3 mm dicke Scheiben schneiden. Essig, Salz, Pfeffer und Koriander verrühren. 2 EL Öl unterrühren. Das Dressing vorsichtig mit der Roten Bete mischen. Frühlingszwiebeln putzen, waschen und das Weiße und Hellgrüne fein hacken.

6 Mozzarella abtropfen lassen, in dünne Scheiben schneiden und mit der Roten Bete abwechselnd schichten Mit Frühlingszwiebeln bestreuen und salzen. Kürbisspalten, Lauch und Rote-Bete-Mozzarella-Scheiben anrichten.

GEMÜSE DAVOR

herzhaft | toll zu Wein
Sauerkrauttaschen

300 g TK-Blätterteig (4 Platten à ca. 75 g)
1 Dose Sauerkraut (520 g Abtropfgewicht)
1 Zwiebel | 1 EL Gänseschmalz
75 ml kräftige Gemüsebrühe
1 rotschaliger Apfel (z. B. Elstar)
3 Stiele glatte Petersilie | 2 EL Schmand
1 TL Kümmelkörner | 2 Eier (M)

Für 8 Stück
⏲ 60 Min. Zubereitung | 20 Min. Backen
Pro Stück ca. 200 kcal, 5 g EW, 13 g F, 14 g KH

1 Je 2 Teigscheiben übereinandergelegt auf einer bemehlten Fläche auftauen lassen. Kraut in einem Sieb abtropfen lassen. Zwiebel schälen, würfeln.

2 Schmalz in einem Topf erhitzen, Zwiebel darin glasig dünsten. Kraut und Brühe zugeben, bei mittlerer Hitze offen köcheln lassen, bis die Flüssigkeit verdampft ist. In einer Schüssel abkühlen lassen.

3 Backofen auf 200° vorheizen. Apfel waschen, vierteln, entkernen und 5 mm groß würfeln. Petersilie waschen, trocken schütteln und hacken. Teigplatten quer halbieren. Die 4 Stücke rechteckig à 25 x 20 cm ausrollen, nochmals quer halbieren.

4 Kraut, Apfel, Petersilie, Schmand, Kümmel und 1 Ei gut mischen und jeweils auf eine Hälfte der Platten legen, dabei einen 1 cm breiten Rand frei lassen. Ränder mit Wasser einstreichen. Platte über der Füllung zusammenklappen, Ränder mit einer Gabel festdrücken. Taschen auf ein mit Backpapier belegtes Blech setzen. Übriges Ei verquirlen, die Taschen damit bestreichen. Im heißen Ofen (Mitte, Umluft 180°) in 20 Min. goldbraun backen.

für Gäste | raffiniert
Rote-Bete-Carpaccio

4 Rote Bete (à ca. 180 g)
150 g durchwachsener Räucherspeck
4 EL Rotweinessig
1 TL flüssiger Honig
1 EL körniger Senf
75 ml Gemüsebrühe
Salz | Pfeffer
6 EL Olivenöl
200 g Feldsalat
3 Frühlingszwiebeln

Für 4 Portionen
⏲ 30 Min. Zubereitung | 2 Std. Garen
Pro Portion ca. 480 kcal, 7 g EW, 43 g F, 15 g KH

1 Backofen auf 200° vorheizen. Rote Bete waschen und einzeln in Alufolie wickeln. Im heißen Backofen (Mitte, Umluft 180°) 2 Std. garen.

2 Inzwischen den Speck in kleine Würfel schneiden. In einer Pfanne ohne Fett knusprig braten und auf Küchenpapier abtropfen lassen.

3 Essig, Honig, Senf und Brühe verquirlen. Mit Salz und Pfeffer würzen. Öl unterschlagen. Feldsalat putzen, waschen und trocken schleudern. Frühlingszwiebeln putzen, waschen und fein würfeln.

4 Die Rote Bete aus dem Backofen nehmen und abkühlen lassen. Die Alufolie entfernen, Rote Bete schälen und in dünne Scheiben schneiden. Scheiben auf vier Tellern anrichten und mit der Hälfte der Vinaigrette beträufeln. Feldsalat darauf verteilen und mit der restlichen Vinaigrette beträufeln. Carpaccio mit Speck und Frühlingszwiebeln bestreuen. Dazu schmeckt Vollkornbrot.

Gemüse dazu

Die aromatischen Knollen und Wurzeln haben internationales Format und sind außerordentlich teamfähig! Lassen Sie sich überraschen von raffinierten Beilagen wie Wirsing süßsauer, Rosenkohl-Kartoffelpüree mit Wasabi, Topinambur-Weizen in Senfbutter oder einem Linsensalat mit karamellisiertem Sellerie.

Chicorée mit Maronen

3 große Orangen
1 Zwiebel
5 EL Butter | Zucker
150 ml Gemüsebrühe
150 ml trockener Weißwein
Salz | Pfeffer
4 Chicorée (à ca. 200 g)
6 Zweige Thymian
200 g gegarte Maronen (vakuumverpackt)

Für 4 Portionen | 35 Min. Zubereitung
Pro Portion ca. 280 kcal, 5 g EW, 12 g F, 33 g KH

1 Den Saft aus 1 Orange auspressen. 2 Orangen so schälen, dass die weiße Haut vollständig entfernt ist. Mit einem scharfen Messer die Filets zwischen den Trennhäuten herausschneiden. Die Zwiebel schälen und fein würfeln.

2 In einem Topf 2 EL Butter erhitzen, Zwiebel darin kurz glasig dünsten. 1 EL Zucker darüberstreuen und schmelzen lassen. Brühe, Wein und Orangensaft zugießen, aufkochen und 10 Min. offen köcheln lassen. Mit Salz, Pfeffer und Zucker abschmecken.

3 Chicorée putzen, waschen, halbieren und den Strunk so herausschneiden, dass die Chicoréehälften noch zusammenhängen. Chicoréehälften längs halbieren. 2 EL Butter in einer großen Pfanne erhitzen. Chicorée hineingeben, mit Salz und Pfeffer würzen und 6–8 Min. bei mittlerer Hitze offen dünsten, dabei einmal wenden. Thymian waschen, zugeben und mitbraten.

4 Orangenfilets in die Sauce geben und erwärmen. Maronen in 1 EL heißer Butter 1–2 Min. braten, mit Salz würzen. Chicorée mit Maronen und Sauce anrichten. Dazu passen Kalbsschnitzel.

edel | gelingt leicht

Schwarzwurzeln in Chili-Nuss-Butter

Schwarzwurzeln verbergen ihr delikates Inneres unter einer schwarzen Schale. Der feine Geschmack entschädigt aber für das mühsame Säubern.

3 EL Essig | 1 kg Schwarzwurzeln | Salz | 3–4 Stiele krause Petersilie | 50 g Haselnusskerne | 60 g Butter | ½ TL Chiliflocken | 1 EL frisch gepresster Zitronensaft

Für 4 Portionen | 40 Min. Zubereitung
Pro Portion ca. 230 kcal, 4 g EW, 21 g F, 5 g KH

1 2 EL Essig mit 1,5 l kaltem Wasser in einen Topf geben. Die Schwarzwurzeln mit einem Sparschäler gründlich schälen, dabei Einweghandschuhe tragen. Jede geschälte Stange schräg in 4 cm lange Stücke schneiden und sofort in das vorbereitete Essigwasser legen.

2 Schwarzwurzeln abgießen, gründlich waschen, in einen Topf geben und knapp mit Wasser bedecken. 1 EL Essig und 1 gestrichenen TL Salz zugeben. Aufkochen und 12–15 Min. bei mittlerer Hitze zugedeckt köcheln lassen. Schwarzwurzeln in ein Sieb abgießen und abtropfen lassen.

3 Inzwischen die Petersilie waschen, trocken schütteln, abzupfen und fein hacken. Haselnüsse grob hacken und in einer Pfanne ohne Fett goldbraun rösten. Butter zugeben und schmelzen lassen. Petersilie, Chili und Zitronensaft unterrühren.

4 Schwarzwurzeln zur Haselnussbutter geben und darin schwenken, mit Salz abschmecken. Dazu schmecken Frikadellen oder gebratenes Lachsfilet und Salzkartoffeln.

TIPP
Schwarzwurzeln legt man sofort nach dem Schälen in Essigwasser. So verhindert man, dass die Stangen braun und unansehnlich werden.

herzhaft | würzig
Überbackener Spinat

1 kg Blattspinat | 100 g Doppelrahm-Frischkäse | 100 g Sahne | 100 ml Milch | 2 Knoblauchzehen | frisch geriebene Muskatnuss | ½ TL edelsüßes Paprikapulver | Salz | Pfeffer | 3 EL Öl | 100 g Gorgonzola

Für 4 Portionen
25 Min. Zubereitung | 20 Min. Backen
Pro Portion ca. 360 kcal, 14 g EW, 32 g F, 4 g KH

1 Ofen auf 200° vorheizen. Spinat putzen, waschen und grob zerzupfen. Frischkäse, Sahne und Milch pürieren. Knoblauch schälen und dazupressen. Mit Muskat, Paprika, Salz und Pfeffer würzen.

2 Öl in einem großen Topf erhitzen. Den Spinat darin portionsweise unter Rühren zusammenfallen lassen, salzen, pfeffern, herausnehmen. Spinat in eine Auflaufform geben, Sahnemischung darübergießen. Gorgonzola in Stücken darauf verteilen. Im Ofen (Mitte, Umluft 180°) 20 Min. überbacken.

fruchtig-pikant
Orangen-Wirsing

1 kg Wirsing | 1 Zwiebel | 5 EL Öl | Salz | Pfeffer | 500 ml Gemüsebrühe | 1 TL getrockneter Thymian | 2 große Orangen | 200 g Sahne

Für 4 Portionen | 60 Min. Zubereitung
Pro Portion ca. 375 kcal, 8 g EW, 32 g F, 13 g KH

1 Wirsing putzen, halbieren, den Strunk herausschneiden. Wirsing in 2 cm breite Streifen schneiden, waschen und abtropfen lassen. Zwiebel schälen und würfeln. Öl in einem großen Topf erhitzen, Zwiebel darin andünsten. Wirsing zugeben und unter Rühren ca. 5 Min. andünsten, salzen, pfeffern. Brühe und Thymian zugeben, 30 Min. bei mittlerer Hitze zugedeckt schmoren lassen.

2 Inzwischen die weiße Haut von den Orangen vollständig entfernen. Filets zwischen den Trennhäuten herausschneiden, den Saft dabei auffangen und zum Wirsing geben. Sahne zugießen und halb zugedeckt 15 Min. weitergaren. Die Orangenfilets unterheben und erwärmen. Passt zu Wild und Ente.

GEMÜSE DAZU

raffiniert | für Gäste

Lauchgemüse mit Lachs

1 kg Lauch
1–2 kleine rote Chilischoten
1 Knoblauchzehe
1 reife Mango
4 EL Sonnenblumenöl | Salz
150 ml Gemüsebrühe
1 TL flüssiger Honig
1 EL Sojasauce
400 g Lachsfilet ohne Haut
Pfeffer
1 gehäufter EL ungeschälte Sesamsamen

Für 4 Portionen | 35 Min. Zubereitung
Pro Portion ca. 430 kcal, 23 g EW, 31 g F, 14 g KH

1 Lauch putzen, waschen und schräg in Ringe schneiden. Chilischote halbieren, putzen, waschen, entkernen und fein hacken. Knoblauch schälen. Mango schälen, das Fruchtfleisch vom Stein schneiden und würfeln.

2 3 EL Öl in einem Topf erhitzen. Chili und Knoblauch darin kurz andünsten. Lauch zugeben und unter Rühren weitere 5 Min. dünsten, mit Salz würzen. Brühe, Honig und Sojasauce unterrühren und zugedeckt 5 Min. bei mittlerer Hitze garen.

3 Inzwischen den Lachs waschen, trocken tupfen und in 2 cm große Stücke schneiden. 2 EL Öl in einer beschichteten Pfanne erhitzen. Fisch darin 6–7 Min. rundherum goldbraun braten, salzen und pfeffern. Sesam darüberstreuen, kurz anbraten und vom Herd nehmen. Mango zum Lauch geben und erwärmen. Lauchgemüse abschmecken und mit dem Lachs anrichten. Dazu schmeckt Basmatireis.

kernig | edel

Topinambur-Weizen

750 g Topinambur (gleich große Knollen)
250 g vorgegarter Zartweizen (Ebly)
Salz
250 g Shiitakepilze
1 Zwiebel
5 EL Olivenöl
Pfeffer
80 g Butter
1 gehäufter EL körniger Senf
Zucker

Für 4 Portionen | 40 Min. Zubereitung
Pro Portion ca. 580 kcal, 6 g EW, 34 g F, 55 g KH

1 Topinambur unter fließendem Wasser abbürsten, dann in kochendem Wasser 12–15 Min. garen.

2 Den Weizen in kochendem Salzwasser nach Packungsanleitung garen. Pilze putzen und in Scheiben schneiden. Zwiebel schälen und fein würfeln.

3 Inzwischen 3 EL Öl in einer beschichteten Pfanne erhitzen und die Pilze darin 5 Min. goldbraun braten. Zwiebel zugeben und kurz mitdünsten. Alles salzen, pfeffern und aus der Pfanne nehmen.

4 Weizen in ein Sieb abgießen und abtropfen lassen. Topinambur abgießen, abschrecken, schälen und halbieren. 2 EL Öl in der Pfanne erhitzen und Topinambur darin unter Rühren 2–3 Min. braten. Mit Salz und Pfeffer würzen. Weizen und Pilze unterheben und erwärmen.

5 Butter schmelzen, Senf einrühren und mit Salz und Zucker abschmecken. Topinambur-Weizen mit der Senfbutter beträufelt anrichten.

gelingt leicht | raffiniert

Rosenkohl-Kartoffelpüree

Von selbst gemachtem Kartoffelpüree kann man nie genug bekommen – müssen Sie auch nicht: Mit diesen Varianten haben Sie immer eine leckere Beilage parat.

800 g vorwiegend festkochende Kartoffeln
500 g Rosenkohl
ca. 1 l Gemüsebrühe
1 EL ungeschälte Sesamsamen
150–200 ml Milch
30 g Butter
frisch geriebene Muskatnuss
Salz
1 TL Wasabi-Paste (aus der Tube)

Für 4 Portionen | 50 Min. Zubereitung
Pro Portion ca. 265 kcal, 10 g EW, 10 g F, 30 g KH

1 Kartoffeln schälen, waschen und in Stücke schneiden. Rosenkohl putzen, waschen und den Strunk kreuzweise einschneiden.

2 Die Kartoffeln und den Rosenkohl in einen Topf geben und so viel Brühe zugießen, dass das Gemüse knapp damit bedeckt ist. Aufkochen und bei mittlerer Hitze offen 20 Min. köcheln lassen, anschließend das Kochwasser abgießen. Inzwischen den Sesam in einer Pfanne ohne Fett rösten, bis er duftet.

3 Die Milch zum Kochen bringen, über die Kartoffeln und den Rosenkohl gießen und das Gemüse grob zerstampfen. Butter in Stücken zugeben und unter Rühren darin schmelzen lassen. Das Püree mit Muskat, Salz und Wasabi abschmecken und mit Sesam bestreuen.

AUSTAUSCH-TIPP

Die Pürees lassen sich beliebig mit Ihrem Lieblingsgemüse variieren! Statt Rosenkohl einfach die gleiche Menge Steckrübe, Pastinaken, Schwarzwurzeln oder Möhren zu den Kartoffeln geben. Sie werden dann wie im Rezept beschrieben mitgegart.
Auch durch Gewürze und Öle lassen sich Pürees interessant verfeinern. So schmeckt ½ TL Currypulver sehr fein zu Steckrübe und Möhren. Nussöl oder Trüffelöl machen Pürees mit Schwarzwurzeln und Pastinaken zu etwas ganz Besonderem.

DER KLASSIKER – KARTOFFELPÜREE

Für 4 Personen 1,2 kg mehlkochende Kartoffeln schälen, waschen und in Stücke schneiden. In kochendem Salzwasser 20 Min. garen. Abgießen, kurz auf der ausgeschalteten Herdplatte ausdämpfen lassen. Mit dem Kartoffelstampfer fein zerstampfen und dabei 350 ml heiße Milch und 50 g Butter unterrühren. Püree mit Salz und frisch geriebener Muskatnuss kräftig würzen.

KÜCHEN-TIPP

Ein Kartoffelpüree muss luftig und locker sein, auch wenn dabei etwas Handarbeit gefragt ist. Pürierstab oder Mixer sind bei der Arbeit verboten, denn sie zerstören die Zellstruktur der Kartoffeln. Die Masse würde dann zäh und verkleistert.

GEMÜSE DAZU

gelingt leicht

Wirsing süßsauer

1 Wirsing (ca. 1 kg)
1 große Zwiebel
1 Knoblauchzehe
1 walnussgroßes Stück frischer Ingwer
6 EL Sonnenblumenöl
Salz
500 ml Gemüsebrühe
50 g Cashewnusskerne
5 EL süßsaure Sauce (aus dem Asienladen)
3 EL Sojasauce
Pfeffer

Für 4 Portionen
25 Min. Zubereitung | 45 Min. Garen
Pro Portion ca. 350 kcal, 10 g EW, 25 g F, 55 g KH

1 Wirsing putzen, vierteln und den Strunk entfernen. Kohl in 2 cm breite Streifen schneiden, waschen und abtropfen lassen.

2 Zwiebel, Knoblauch und Ingwer schälen. Zwiebel würfeln, Knoblauch und Ingwer fein hacken.

3 Öl in einem großen Topf erhitzen. Zwiebel, Knoblauch und Ingwer darin andünsten. Wirsing zugeben und unter Rühren ca. 5 Min. weiterdünsten und mit Salz würzen. Mit Brühe ablöschen und zugedeckt bei mittlerer Hitze 45 Min. köcheln lassen.

4 Cashewnüsse grob hacken und in einer Pfanne ohne Fett unter Rühren goldbraun rösten. Süßsaure Sauce und Sojasauce verrühren, unter den Wirsing rühren. Kohl mit Salz und Pfeffer abschmecken und mit gerösteten Cashewnüssen bestreuen. Dazu schmecken gebratener Tofu und Reis.

preiswert

Kürbis mit Thymianbutter

1 Hokkaido-Kürbis (1 kg)
3 EL Olivenöl
Salz | Pfeffer
1 Bund Frühlingszwiebeln
100 g Kirschtomaten
5–6 Stiele glatte Petersilie
5–6 Stiele Thymian
1 Knoblauchzehe
100 g weiche Butter

Für 4 Portionen
25 Min. Zubereitung | 35 Min. Garen
Pro Portion ca. 355 kcal, 3 g EW, 33 g F, 11 g KH

1 Den Backofen auf 200° vorheizen. Kürbis waschen, vierteln und die Kerne entfernen. Das Fruchtfleisch in 1,5 cm breite Spalten schneiden.

2 Kürbisspalten auf ein Backblech legen, das Öl darüberträufeln, mit Salz und Pfeffer würzen und alles gründlich mischen. Im heißen Ofen (Mitte, Umluft 180°) 20 Min. garen. Dabei einmal wenden.

3 Inzwischen die Frühlingszwiebeln putzen, waschen und schräg in Ringe schneiden. Tomaten waschen und halbieren. Kräuter waschen, trocken schütteln, abzupfen und hacken. Knoblauch schälen und zur weichen Butter pressen. Kräuter unterrühren. Kräuterbutter mit Salz und Pfeffer würzen.

4 Frühlingszwiebeln und Tomaten zum Kürbis geben, 150 ml Wasser zugießen und 15 Min. weitergaren. Kräuterbutter unter das Kürbisgemüse heben. Dazu schmeckt Kartoffelpüree oder Fladenbrot.

exotisch | kalorienarm

Topinambur mit Sesam und Koriander

Zugegeben, sie sind nicht gerade ansehnlich – Topinamburknollen sind eben etwas für Kenner, die das feine artischockenartige Aroma zu schätzen wissen.

1 kg gleich große Topinambur-Knollen | 1 Zwiebel | 1 Knoblauchzehe | 1 rote Chilischote | 1 Bund Koriandergrün | 1 gehäufter EL ungeschälte Sesamsamen | 3 EL Sonnenblumenöl | 100 ml Gemüsebrühe | Salz

Für 4 Portionen | 35 Min. Zubereitung
Pro Portion ca. 165 kcal, 5 g EW, 11 g F, 9 g KH

1 Topinambur unter fließendem Wasser abbürsten und in kochendem Wasser bei mittlerer Hitze zugedeckt 12–15 Min. garen.

2 Inzwischen Zwiebel und Knoblauch schälen. Die Chilischote putzen, waschen, entkernen und hacken. Koriandergrün waschen, trocken schütteln, Blätter abzupfen und hacken. Sesam in einer beschichteten Pfanne ohne Fett unter Rühren goldbraun rösten und herausnehmen.

3 Topinambur abgießen, abschrecken, schälen und in gleich große Stücke schneiden. Öl in einer beschichteten Pfanne erhitzen und Topinambur darin 3 Min. unter Rühren braten. Zwiebel, Knoblauch und Chili zugeben und kurz mitbraten. Mit Brühe ablöschen und aufkochen. Mit Salz abschmecken und mit Sesam und Koriander bestreuen.

AUSTAUSCH-TIPP

Koriander polarisiert: Manche lieben den leicht seifigen Geschmack nach Ingwer und Zitrone, die anderen machen einen großen Bogen um ihn. Wenn man Koriander ersetzt, schmeckt das Gericht ganz anders. Dafür kommen Petersilie oder Schnittlauch infrage.

raffiniert | schmeckt zu Wild

Hagebutten-Rosenkohl

1 kg Rosenkohl | Salz | 1 Zwiebel | 2 EL Butter |
1 EL Tomatenmark | 400 ml Gemüsebrühe |
100 ml trockener Rotwein | 50 ml roter Portwein |
1 Lorbeerblatt | ½ TL getrockneter Majoran |
2 EL Hagebuttenkonfitüre | Pfeffer | frisch
gepresster Zitronensaft

Für 4 Portionen | 35 Min. Zubereitung
Pro Portion ca. 175 kcal, 9 g EW, 5 g F, 14 g KH

1 Den Rosenkohl putzen, waschen und in kochendem Salzwasser bei mittlerer Hitze zugedeckt in 15 Min. garen. Die Zwiebel schälen und fein würfeln.

2 Butter erhitzen, Zwiebel darin glasig dünsten. Tomatenmark zugeben, kurz mitdünsten. Brühe, Wein, Portwein, Lorbeer und Majoran unterrühren, aufkochen und bei mittlerer Hitze offen 10 Min. kochen. Lorbeer entfernen, Konfitüre einrühren, mit Salz, Pfeffer und Zitronensaft abschmecken. Den Kohl abgießen und untermischen.

herzhaft | mediterran

Italienische Steckrüben

800 g Steckrüben | 50 g Frühstücksspeck in
Scheiben (Bacon) | 3 EL Öl | Salz | Pfeffer |
1 gehäufter TL getrockneter Thymian |
2 Frühlingszwiebeln | 150 g Kirschtomaten |
3 EL frisch geriebener Parmesan

Für 4 Portionen | 40 Min. Zubereitung
Pro Portion ca. 245 kcal, 6 g EW, 19 g F, 11 g KH

1 Steckrüben schälen, waschen und in 5 mm dicke Stifte schneiden. Speck in Streifen schneiden. Öl in einem Topf erhitzen und den Speck darin knusprig braten, auf Küchenpapier abtropfen lassen.

2 Rüben im heißen Fett unter Rühren anbraten. Mit Salz, Pfeffer und Thymian würzen. 150 ml Wasser zugießen und 20 Min. bei mittlerer Hitze zugedeckt garen. Inzwischen Frühlingszwiebeln putzen, waschen, in Stücke schneiden. Tomaten waschen, halbieren. Beides 5 Min. mitgaren, salzen, pfeffern. Gemüse mit Käse und Speck bestreut anrichten.

GEMÜSE DAZU

ballaststoffreich | preiswert

Linsensalat mit Sellerie

200 g rote Linsen
250 g Knollensellerie
1 EL Butter
Zucker | Salz
75 ml Gemüsebrühe
3 EL Apfelessig | Pfeffer
5 EL Olivenöl
3 Frühlingszwiebeln
300 g Endiviensalat
50 g Parmesan

Für 4 Portionen | 35 Min. Zubereitung
Pro Portion ca. 360 kcal, 19 g EW, 21 g F, 23 g KH

1 Linsen in kochendem Wasser nach Packungsanleitung garen. Abgießen und abtropfen lassen. Den Sellerie schälen, putzen und in 5 mm große Würfel schneiden. Butter in einer Pfanne erhitzen, Sellerie zugeben und bei mittlerer Hitze ca. 5 Min. braten. Mit 1 gestrichenen TL Zucker und 1 Prise Salz bestreuen und den Zucker ca. 2 Min. darin karamellisieren lassen, vom Herd nehmen.

2 Brühe erwärmen, mit Essig, Salz und Pfeffer verquirlen, das Öl darunterschlagen. Frühlingszwiebeln putzen, waschen und fein hacken. Salat putzen, waschen, trocken schleudern und grob zerzupfen. Parmesan in Späne hobeln.

3 Die Linsen mit der Vinaigrette mischen und den Salat unterheben. Sellerie, Frühlingszwiebeln und Parmesan darüber verteilen und mit Pfeffer bestreut servieren.

Sattmacher | kernig

Rosenkohl-Weizen-Salat

500 g Rosenkohl | Salz
2 Beutel vorgegarter Zartweizen (à 125 g, Ebly)
30 g Kürbiskerne
1 rote Chilischote
1 Knoblauchzehe | 1 Zwiebel
2 Stangen Staudensellerie
150 g Radicchio
75 ml Gemüsebrühe
3–4 EL Weißweinessig
1 EL mittelscharfer Senf
5 EL Olivenöl | Pfeffer

Für 4 Portionen | 40 Min. Zubereitung
Pro Portion ca. 450 kcal, 8 g EW, 20 g F, 51 g KH

1 Rosenkohl putzen, dabei den Strunk kreuzweise einschneiden. In kochendem Salzwasser bei mittlerer Hitze zugedeckt 12–15 Min. garen. In ein Sieb abgießen und abtropfen lassen. Den Weizen nach Packungsanleitung in kochendem Salzwasser garen. In einem Sieb abtropfen lassen.

2 Kürbiskerne in einer Pfanne ohne Fett goldbraun rösten, herausnehmen und abkühlen lassen. Chilischote waschen, putzen, entkernen und fein hacken. Knoblauch und Zwiebel schälen und fein hacken. Sellerie putzen, waschen und in dünne Scheiben schneiden. Radicchio putzen, waschen, abtropfen lassen und grob zerzupfen.

3 Brühe erwärmen, mit Essig und Senf verrühren. Zwiebel, Knoblauch, Chili zugeben, salzen und das Öl zugießen. Rosenkohl halbieren, mit Zartweizen, Sellerie, Radicchio und Dressing mischen. Salat salzen, pfeffern und mit Kürbiskernen bestreuen.

Gemüse als Hauptsache

Zum Glück hat sich Gemüse aus seiner Nebenrolle als Beilage befreit! Aromatische Gewürze, feine Öle, knackige Nüsse und Kerne sowie würzige Käse sind nun die Begleiter zur neuen und gesunden Hauptattraktion auf dem Teller. Und gelegentlich darf es dazu auch ein Stückchen Fleisch sein …

Gemüse vom Blech

2 EL Essig
500 g Schwarzwurzeln
800 g Pastinaken
800 g Möhren
1 TL gemahlener Koriander
½ TL gemahlener Kardamom
1 TL edelsüßes Paprikapulver
1 TL getrockneter Majoran
Salz | Pfeffer
5 EL Olivenöl | 1 Knoblauchzehe
1 Bund Frühlingszwiebeln
3 EL Kürbiskerne

Für 4 Portionen
45 Min. Zubereitung | 30 Min. Backen
Pro Portion ca. 360 kcal, 9 g EW, 22 g F, 32 g KH

1 Backofen auf 200° vorheizen. Essig in eine Schüssel mit Wasser geben. Schwarzwurzeln schälen, in ca. 3–4 cm schräge Stücke schneiden und sofort in das Essigwasser legen. Pastinaken schälen, putzen und in 1,5 cm dicke Stücke schneiden. Möhren schälen, putzen und schräg in 1,5 cm dicke Scheiben schneiden.

2 Gewürze und Majoran mit 1 TL Salz, Pfeffer und Öl verrühren. Knoblauch schälen, dazupressen und alles gut verrühren. Schwarzwurzeln in ein Sieb abgießen, abwaschen, abtropfen lassen. Die Gemüse in die Fettpfanne legen und sorgfältig mit dem Würzöl mischen. Im heißen Ofen (Mitte, Umluft 180°) 15–20 Min. backen.

3 Inzwischen die Frühlingszwiebeln putzen, waschen und in Ringe schneiden. Frühlingszwiebeln, Kürbiskerne und 100 ml Wasser unter das Gemüse mischen und in weiteren 15 Min. fertig garen. Dazu schmecken Baguette und Sour Cream.

schnell | gut vorzubereiten
Lauchkuchen

300 g TK-Blätterteig (4 Platten à 75 g)
600 g Lauch | 2 EL Öl
Salz | Pfeffer
3 Eier (M)
150 g Schmand
150 g Kirschtomaten
100 g Ziegenkäserolle
30 g Walnusskerne

Für 1 Springform von 28 cm Ø (4 Stücke)
◎ 25 Min. Zubereitung | 25 Min. Backen
Pro Stück ca. 635 kcal, 17 g EW, 49 g F, 31 g KH

1 Backofen auf 200° vorheizen. Blätterteigplatten auf einer leicht bemehlten Arbeitsfläche nebeneinander auftauen lassen. Die Lauchstangen längs halbieren, putzen, waschen, abtropfen lassen und in dünne Scheiben schneiden. Öl in einem Topf erhitzen und den Lauch darin ca. 5 Min. unter Rühren braten. Mit Salz und Pfeffer würzen, beiseitestellen.

2 Eier und Schmand glatt verrühren und mit Salz und Pfeffer würzen. Tomaten waschen und halbieren. Blätterteig übereinanderlegen und auf einer leicht bemehlten Arbeitsfläche zu einem Rechteck (33 x 30 cm) ausrollen. Eine Springform mit dem Teig auslegen.

3 Lauch darauf verteilen und mit Tomaten belegen. Die Schmandmasse darübergießen. Den Ziegenkäse in Stückchen schneiden und darauf verteilen. Walnüsse grob hacken und darüberstreuen. Die überstehenden Blätterteigecken zur Mitte hin umklappen. Lauchkuchen im heißen Ofen (Mitte, Umluft 180°) 25 Min. backen.

asiatisch | mögen Kinder
Steckrüben mit Huhn

1 kg Steckrüben | 5 EL Öl
Salz | Pfeffer
3 EL süßsaure Sauce (aus dem Asienladen)
3 EL Sojasauce
30 g frischer Ingwer
1 Knoblauchzehe | Cayennepfeffer
8 Hähnchenunterkeulen (à ca. 100 g)
200 ml Geflügelbrühe
3 Frühlingszwiebeln
½ Ananas (ca. 500 g)

Für 4 Portionen
◎ 20 Min. Zubereitung | 60 Min. Backen
Pro Portion ca. 625 kcal, 41 g EW, 38 g F, 29 g KH

1 Ofen auf 200° vorheizen. Steckrüben schälen, waschen und in 1 cm dicke und 3 cm lange Stücke schneiden. Rüben in der Fettpfanne des Ofens verteilen, mit 2 EL Öl, Salz und Pfeffer mischen.

2 3 EL Öl, süßsaure und Sojasauce verrühren. Ingwer schälen, dazureiben. Knoblauch schälen, dazupressen, mit Salz und Cayennepfeffer würzen. Fleisch waschen, trocken tupfen und auf den Steckrüben verteilen. Fleisch großzügig mit der Sauce bestreichen. 100 ml Brühe zugießen und alles im heißen Ofen (Mitte, Umluft 180°) 30 Min. backen.

3 Inzwischen die Frühlingszwiebeln putzen, waschen und in Ringe schneiden. Ananas schälen, den Strunk entfernen und die Ananas in Stücke schneiden. Frühlingszwiebelringe, 100 ml Brühe und Ananasstücke zum Gemüse geben und mit Salz würzen. Im heißen Backofen auf der obersten Schiene 30 Min. weitergaren. Dazu schmeckt Reis.

vegetarisches Festessen
Spinatklöße in Ricotta-Tomatensauce

Hier verbinden sich würziger Winterspinat, Weißbrot, sahniger Ricotta und süße Kirschtomaten auf das Feinste miteinander – raffiniert abgeschmeckt mit Balsamessig.

500 g Weißbrot (vom Vortag)
500 ml Milch | 3 Eier (L)
500 g Blattspinat
1–2 Zwiebeln
1–2 Knoblauchzehen
5 EL Olivenöl
Salz
4 EL Speisestärke
50 g Parmesan
frisch geriebene Muskatnuss
400 g Kirschtomaten
100 g Walnusskerne | Pfeffer
250 g Ricotta | 1–2 EL Tomatenmark
300 ml Gemüsebrühe | Zucker
1–2 TL Aceto balsamico

Für 4–6 Portionen | 75 Min. Zubereitung
Für 6 pro Portion ca. 670 kcal, 25 g EW, 36 g F, 59 g KH

1 Weißbrot in kleine Würfel schneiden und in eine große Schüssel geben. Milch und Eier verquirlen und langsam über das Brot gießen, gründlich mischen und gelegentlich umrühren.

2 Inzwischen den Spinat putzen, waschen und in einem großen Sieb abtropfen lassen. Zwiebeln und Knoblauch schälen und fein würfeln. 3 EL Öl in einem Topf erhitzen, Zwiebeln und Knoblauch darin kurz andünsten. Den tropfnassen Spinat zugeben, zusammenfallen lassen, salzen, vom Herd nehmen.

3 Das eingeweichte Brot gut mit der Stärke mischen. Spinat fein hacken, gut ausdrücken und zugeben. Parmesan fein reiben und alles gründlich verkneten. Kloßteig kräftig mit Salz und Muskat würzen. Mit angefeuchteten Händen 12 Klöße formen und in einem weiten Topf in siedendem Salzwasser in 25 Min. gar ziehen lassen.

4 Inzwischen die Tomaten waschen und vierteln. Walnüsse in einer Pfanne ohne Fett unter Rühren goldbraun rösten, bis sie duften. Herausnehmen und auskühlen lassen.

5 2 EL Öl in der heißen Pfanne erhitzen, Tomaten darin kurz anbraten. Mit Salz und Pfeffer würzen. Ricotta, Tomatenmark und Brühe zugeben und unter Rühren aufkochen. Sauce mit Salz, Pfeffer, Zucker und Essig abschmecken.

6 Gegarte Spinatklöße aus dem Wasser heben, kurz abtropfen lassen. Klöße mit der Sauce anrichten und mit gerösteten Walnüssen bestreuen. Dazu passt ein gemischter Wintersalat aus Endivie, Feldsalat und Radicchio.

GUT ZU WISSEN
Der im Winter angebotene Wurzelspinat hat kräftigere Stiele und Blätter als der feine Sommerspinat. Das Putzen dauert zwar etwas länger, aber der aromatische Geschmack entschädigt für die Mühe. Beim Einkauf auf sattgrüne feste Blätter achten und den Wurzelspinat innerhalb von 2 Tagen verarbeiten.

italienisch | raffiniert
Radicchio-Risotto

800 ml Gemüsebrühe
1 große Zwiebel
1 Knoblauchzehe
3 EL Olivenöl | 300 g Risottoreis (z. B. Arborio)
150 ml trockener Weißwein
200 g Radicchio
50 g Haselnusskerne
5 EL frisch geriebener Parmesan
Salz | Pfeffer
1–2 EL Ahornsirup (ersatzweise Waldhonig)

Für 4 Portionen | 50 Min. Zubereitung
Pro Portion ca. 530 kcal, 12 g EW, 20 g F, 70 g KH

1 Die Brühe aufkochen. Zwiebel und Knoblauch schälen, fein hacken. Öl in einem großen weiten Topf erhitzen und beides darin kurz andünsten. Reis zugeben und unter Rühren glasig dünsten. Mit Wein und etwas heißer Brühe ablöschen, bei mittlerer Hitze unter Rühren köcheln lassen. Wenn die Flüssigkeit fast eingekocht ist, etwas heiße Brühe zugießen, sodass der Reis knapp damit bedeckt ist. Heiße Brühe nach und nach zugießen, bis sie verbraucht ist, regelmäßig umrühren. Den Reis in 35–40 Min. weich und cremig garen.

2 Inzwischen Radicchio putzen, waschen, trocken schleudern und in feine Streifen schneiden. Nüsse hacken und in einer Pfanne ohne Fett goldbraun rösten. Herausnehmen und auskühlen lassen.

3 Zuerst den Käse, dann den Radicchio unter den Reis rühren. Risotto salzen, pfeffern, mit Ahornsirup beträufeln und mit Haselnüssen bestreuen. Dazu passt gebratenes Lamm- oder Rinderfilet.

herzhaft | reich an Vitamin C
Kabanossi-Krautfleckerl

800 g Weißkohl | 250 g Kabanossi
1 Zwiebel | 3 EL Öl
Salz | Pfeffer
250 ml Gemüsebrühe
100 g in Öl eingelegte getrocknete Tomaten
250 g breite Bandnudeln
100 g Doppelrahm-Frischkäse mit Kräutern
100 ml Milch | 3 Stiele krause Petersilie

Für 4 Portionen | 40 Min. Zubereitung
Pro Portion ca. 740 kcal, 23 g EW, 46 g F, 56 g KH

1 Weißkohl putzen, vierteln und den Strunk herausschneiden. Kohl in 1 cm breite Streifen schneiden, waschen und in einem Sieb abtropfen lassen. Kabanossi in dünne Scheiben schneiden. Zwiebel schälen und würfeln.

2 Öl in einem großen Topf erhitzen und die Wurst darin unter Rühren 5 Min. kräftig anbraten. Herausnehmen und beiseitestellen. Kohl in das heiße Fett geben und darin unter Rühren ca. 5 Min. braten. Mit Salz und Pfeffer würzen. Die Brühe zugießen, aufkochen und bei mittlerer Hitze zugedeckt in 12–15 Min. garen. Tomaten abtropfen lassen, in Streifen schneiden und zugeben.

3 Inzwischen die Nudeln nach Packungsanleitung in kochendem Salzwasser garen, in ein Sieb abgießen und abtropfen lassen. Den Frischkäse mit der Milch pürieren. Petersilie waschen, trocken schütteln, Blätter fein hacken. Nudeln abgießen. Nudeln und Kabanossi unter den Kohl heben. Frischkäsemasse und Petersilie unterheben, kurz aufkochen. Krautfleckerln mit Salz und Pfeffer würzen.

für Gäste
Schwarzwurzel-Quiche

Diese Quiche gehört ins Standardrepertoire! Toll als Vorspeise oder für ein winterliches Büfett. Schmeckt auch mit Knollensellerie sehr lecker.

100 g Butter
150 g Mehl | Salz
1 gestrichener TL getrockneter Rosmarin
3 EL Weißweinessig
500 g Schwarzwurzeln
1 Stange Lauch
150 g Schmand
3 Eier (M)
½ TL gemahlener Kümmel | Pfeffer
6 Scheiben Frühstücksspeck (ca. 125 g; Bacon)
Hülsenfrüchte zum Blindbacken

Für 1 Quicheform von 25 cm Ø (4 Stücke)
40 Min. Zubereitung
30 Min. Kühlen | 40 Min. Backen
Pro Stück ca. 685 kcal, 15 g EW, 55 g F, 31 g KH

1 Butter in Stückchen schneiden, mit dem Mehl glatt verkneten. ½ TL Salz und Rosmarin unterkneten. Teig in Frischhaltefolie gewickelt 30 Min. kalt stellen.

2 Backofen auf 200° vorheizen. 2 EL Essig und 1 l kaltes Wasser in einen Topf geben. Schwarzwurzeln mit einem Sparschäler gründlich schälen, dabei Einweghandschuhe tragen (Bild 1). Geschälte Stangen längs halbieren und sofort ins Essigwasser legen (Bild 2). Schwarzwurzeln gründlich waschen, wieder in den Topf geben und knapp mit Wasser bedecken. 1 EL Essig und 1 gestrichenen TL Salz zugeben, aufkochen und 4–6 Min. köcheln lassen.

3 Inzwischen die Lauchstange längs vierteln, putzen und waschen. Lauchstreifen zu den Schwarzwurzeln geben und 1 Min. mitgaren. Gemüse in ein Sieb abgießen und abtropfen lassen.

4 Den Teig zu einem Kreis (30 cm Ø) ausrollen, in eine Quicheform legen und vorsichtig andrücken. Den überstehenden Teig abschneiden. Backpapier auf den Teig legen und die getrockneten Hülsenfrüchte daraufgeben (Bild 3). Teig 10 Min. im heißen Ofen (Mitte, Umluft 180°) backen.

5 Inzwischen Schmand, Eier, Kümmel, 1 gestrichenen TL Salz und Pfeffer mit einem Schneebesen gut verquirlen. Vorgebackenen Teig aus dem Ofen nehmen, Hülsenfrüchte und Backpapier entfernen. Schwarzwurzeln, Lauch und Bacon abwechselnd nebeneinander in die Form schichten (Bild 4) und mit der Schmandmasse übergießen. Quiche 40 Min. im heißen Ofen fertig backen.

TIPP

Blindbacken nennt man das Vorbacken eines Teigs. Dies geschieht, um Boden und Rand Standfestigkeit zu verleihen und das Durchweichen des Bodens zu verhindern. Backpapier auf den Teig legen, getrocknete Hülsenfrüchte bis knapp unter den Teigrand einfüllen. So bleibt der Boden schön flach und die Teigränder können durch die Wärme nicht zusammenfallen. Die getrockneten Erbsen, Bohnen oder Linsen können Sie immer wieder verwenden. Dafür nach Gebrauch einfach abkühlen lassen und in Schraubgläsern aufbewahren.

edel | gelingt leicht
Rübchen in Orangenrahm

1 kg Teltower Rübchen
2 EL Butter | Salz
250 g kurze Nudeln (z. B. Penne)
300 g Austernpilze
1 Zwiebel | 1 große Bio-Orange
½ Bund krause Petersilie
200 g Sahne | Cayennepfeffer

Für 4 Portionen | 45 Min. Zubereitung
Pro Portion ca. 515 kcal, 14 g EW, 21 g F, 69 g KH

1 Rübchen schälen und in 1 cm große Stücke schneiden. 1 EL Butter in einem Topf erhitzen und Rübchen darin 5 Min. unter Rühren andünsten. Salzen, mit 150 ml Wasser ablöschen, aufkochen und bei mittlerer Hitze zugedeckt 5 Min. köcheln lassen. Rübchen in ein Sieb abgießen und beiseitestellen.

2 Inzwischen die Nudeln in kochendem Salzwasser nach Packungsanleitung garen. Anschließend in ein Sieb abgießen und abtropfen lassen. Pilze putzen und in Streifen schneiden. Zwiebel schälen und fein würfeln. 1 EL Butter in einer großen beschichteten Pfanne erhitzen und die Pilze darin 5 Min. bei mittlerer Hitze braten. Zwiebel zugeben und kurz mitbraten, salzen und die Rübchen zugeben.

3 Orange waschen und abtrocknen. Die Hälfte der Schale abreiben. Orange halbieren, den Saft auspressen. Petersilie waschen, trocken schütteln, abzupfen und fein hacken. Nudeln mit Petersilie, Orangenschale, -saft und Sahne zu den Rübchen geben. Alles gut mischen, mit Salz und Cayennepfeffer würzen und zugedeckt bei mittlerer Hitze nochmals erwärmen.

exotisch | herzhaft
Süßkartoffel-Curry

800 g Süßkartoffeln
1 Zwiebel
3 EL Öl
1 EL Currypulver
300 ml Gemüsebrühe
1 Dose ungesüßte Kokosmilch (400 ml)
100 g rote Linsen
300 g TK-Prinzessbohnen
300 g rotschalige Birnen
Salz | Pfeffer
1 EL frisch gepresster Zitronensaft

Für 4 Portionen | 45 Min. Zubereitung
Pro Portion ca. 595 kcal, 16 g EW, 28 g F, 69 g KH

1 Süßkartoffeln schälen, putzen und in 2 cm große Stücke schneiden. Zwiebel schälen und würfeln. Das Öl in einem Topf erhitzen und die Zwiebel darin glasig dünsten. Curry zugeben und kurz mitdünsten. Süßkartoffelstücke zugeben und kurz andünsten. Brühe und Kokosmilch zugießen, aufkochen und alles 10 Min. garen.

2 Inzwischen die Linsen nach Packungsanleitung in wenig kochendem Wasser garen. Bohnen mit heißem Wasser übergießen. Birnen waschen, vierteln, das Kerngehäuse entfernen. Birnen in 1 cm große Stücke schneiden.

3 Bohnen zu den Süßkartoffeln geben und 6 Min. mitgaren. Anschließend die Birnen zugeben und 2 Min. mitgaren. Linsen in ein Sieb abgießen, abtropfen lassen und unter das Curry heben. Curry mit Salz, Pfeffer und Zitronensaft abschmecken.

raffiniert

Wirsing-Lamm-Lasagne

6–7 große Wirsingblätter (ca. 200 g)
Salz
1 Zwiebel | 2 EL Olivenöl
400 g Lammhackfleisch
Pfeffer | ½ TL Zimtpulver
60 g Butter | 60 g Mehl
350 ml Gemüsebrühe | 350 ml Milch
9 Lasagneblätter (ohne Vorkochen)

Für 4 Portionen
40 Min. Zubereitung | 35 Min. Backen
Pro Portion ca. 595 kcal, 28 g EW, 44 g F, 22 g KH

1 Backofen auf 200° vorheizen. Wirsing waschen und in kochendem Salzwasser 2 Min. garen, in ein Sieb abgießen, abschrecken und abtropfen lassen. Blätter halbieren, die Blattrippen flach schneiden. Zwiebel schälen und würfeln.

2 Öl in einer Pfanne erhitzen, Hack darin 5 Min. krümelig braten. Zwiebel zugeben, glasig dünsten, mit Salz, Pfeffer und Zimt würzen.

3 Für die Sauce Butter in einem Topf erhitzen, Mehl einrühren und kurz anschwitzen. Brühe und Milch unter Rühren zugießen, aufkochen und bei mittlerer Hitze 5 Min. köcheln lassen, salzen und pfeffern.

4 Etwas Sauce auf dem Boden einer Auflaufform verteilen und die Form mit 3 Lasagneblättern auslegen. Das Hack darauf verteilen, mit Lasagneblättern bedecken. Anschließend den Wirsing in der Form verteilen, mit restlichen Lasagneblättern abschließen und die restliche Sauce darübergießen. Lasagne im Ofen (Mitte, Umluft 180 °) 35 Min. backen.

für die ganze Familie | einfach

Kürbis-Nudel-Auflauf

250 g kurze Nudeln (z. B. Penne)
400 g Kürbisfruchtfleisch (z. B. Hokkaido)
1 Stange Lauch | 1 Knoblauchzehe
2 EL Öl
Salz | Pfeffer
200 g Comté (französischer Hartkäse)
40 g Butter | 40 g Mehl
500 ml Milch | 150 ml Gemüsebrühe
frisch geriebene Muskatnuss
3 EL Ajvar (türkische Paprikapaste aus dem Glas)

Für 4 Portionen
40 Min. Zubereitung | 25 Min. Backen
Pro Portion ca. 705 kcal, 29 g EW, 35 g F, 67 g KH

1 Ofen auf 220° vorheizen. Nudeln nach Packungsanleitung bissfest garen, in ein Sieb abgießen und abtropfen lassen. Kürbis in 1,5 cm große Stücke schneiden. Lauch längs halbieren, putzen, waschen, abtropfen lassen und in Scheiben schneiden. Knoblauch schälen und hacken.

2 Öl in einer beschichteten Pfanne erhitzen, Kürbis und Knoblauch darin unter Rühren 3–4 Min. braten, salzen, pfeffern und herausnehmen. Lauch hineingeben, mit Salz würzen und kurz anbraten. 150 ml Wasser zugießen und alles 3–4 Min. offen garen.

3 Käse reiben. Butter in einem Topf erhitzen, Mehl darin anschwitzen. Milch und Brühe unter Rühren zugießen, aufkochen. Käse darin schmelzen lassen, Sauce kräftig mit Salz, Pfeffer und Muskat würzen. Gemüse, Nudeln und Sauce in eine Auflaufform schichten, Ajvar in Klacksen darauf verteilen. Auflauf im Ofen (unten, Umluft 200°) 25 Min. backen.

oben: Kürbis-Nudel-Auflauf | unten: Wirsing-Lamm-Lasagne

für Gäste | festlich

Rote-Bete-Gnocchi in Gemüserahm

Zugegeben, die Gnocchi benötigen etwas Zeit – das feine Ergebnis ist jedoch die Mühe wert! Überraschen Sie Ihre Gäste mit diesem Festessen für besondere Gelegenheiten.

300 g Rote Bete
750 g kleine mehligkochende Kartoffeln
500 g Steckrübe
1 Stange Lauch (ca. 200 g)
85 g Speisestärke
1 Ei (M) | Salz
frisch geriebene Muskatnuss
2 EL Butter
Pfeffer
1 rotschaliger Apfel (z. B. Elstar)
100 ml trockener Weißwein
200 g Sahne
frisch gepresster Zitronensaft
2 geräucherte Forellenfilets
4 TL Rote-Bete-Sprossen (ersatzweise Radieschensprossen)

Für 4–6 Portionen | 90 Min. Zubereitung
Für 6 pro Portion
ca. 515 kcal, 15 g EW, 23 g F, 57 g KH

1 Backofen auf 200° vorheizen. Rote Bete in kochendem Wasser 50–60 Min. garen. Inzwischen die Kartoffeln waschen und mit einer Gabel mehrmals einstechen. Backblech mit Alufolie auslegen. Die Kartoffeln auf das Backblech legen und im Ofen (unten, Umluft 180°) ca. 35 Min. garen.

2 Inzwischen die Steckrübe schälen, waschen und in 1 cm große Würfel schneiden. Lauch putzen, waschen und das Weiße und Hellgrüne fein würfeln.

3 Kartoffeln aus dem Ofen nehmen, kurz ausdämpfen lassen, dann schälen. Rote Bete abgießen, abschrecken, schälen, in Stücke schneiden und pürieren. Rote Bete und Kartoffeln in eine Schüssel geben und mit einem Kartoffelstampfer zerstampfen. 80 g Stärke und das Ei gründlich unterarbeiten. Die Masse mit 1 TL Salz und Muskat würzen.

4 Mit angefeuchteten Händen aus der Masse 32 große Gnocchi formen. Die Hälfte der Gnocchi in siedendem Wasser 15 Min. garen. Fertige Gnocchi herausnehmen, abtropfen lassen und warm stellen. Übrige Gnocchi ebenso garen.

5 Inzwischen die Butter in einem großen Topf erhitzen, Steckrübenwürfel darin bei mittlerer Hitze 10 Min. dünsten. Mit Salz und Pfeffer würzen. Lauch zugeben und 5 Min. mitdünsten. Apfel waschen, vierteln, entkernen und in kleine Würfel schneiden. 1 TL Stärke mit 2 EL Wasser glatt verrühren und zum Gemüse geben. Gemüse unter Rühren mit Wein und Sahne ablöschen. Aufkochen, Apfelwürfel zugeben und 3 Min. köcheln lassen. Sauce mit Salz, Pfeffer und Zitronensaft abschmecken.

6 Die Forellenfilets in 1 cm breite Streifen schneiden. Gnocchi und Gemüserahm auf Tellern anrichten, die Forellenfilets daraufgeben und mit Rote-Bete-Sprossen bestreuen.

GEMÜSE ALS HAUPTSACHE

aromatisch | wärmt
Weißkohltopf

800 g Weißkohl
250 g Petersilienwurzeln
500 g vorwiegend festkochende Kartoffeln
1 Zwiebel
5 EL Olivenöl
1 TL gemahlener Kreuzkümmel
1 TL edelsüßes Paprikapulver
1,5 l Gemüsebrühe
50 g getrocknete Aprikosen
2 grobe rohe Bratwürste (300 g)
Salz | Pfeffer

Für 4 Portionen | 75 Min. Zubereitung
Pro Portion ca. 535 kcal, 14 g EW, 37 g F, 31 g KH

1 Weißkohl putzen, vierteln, den Strunk entfernen und den Kohl in 1,5 cm große Stücke schneiden und waschen. Petersilienwurzeln putzen, schälen und in kleine Würfel schneiden. Kartoffeln schälen, waschen und in Würfel schneiden. Zwiebel schälen und würfeln.

2 Öl in einem großen Topf erhitzen, Kohl zugeben und unter Rühren 5 Min. kräftig anbraten. Zwiebel, Petersilienwurzeln, Kartoffeln und Gewürze zugeben und kurz andünsten. Mit Brühe ablöschen und bei mittlerer Hitze zugedeckt 35 Min. garen.

3 Aprikosen in kleine Würfel schneiden. Bratwürste einschneiden und das Brät in Bällchen herausdrücken. Aprikosen und Bratbällchen in den kochenden Eintopf geben und zugedeckt in weiteren 10 Min. fertig garen. Mit Salz und Pfeffer abschmecken.

deftig | wie früher
Rotkohl-Graupen-Topf

1 Stange Lauch | 250 g Möhren
2,5 l Gemüsebrühe
150 g mittelgroße Perlgraupen
600 g Rotkohl | 6 EL Olivenöl
Salz | Pfeffer
je 1 gestrichener TL gemahlene Nelken und gemahlener Kümmel
1 EL getrockneter Majoran
2 Lorbeerblätter
300 g Mettwurst | 1 EL Rotweinessig

Für 4 Portionen | 60 Min. Zubereitung
Pro Portion ca. 655 kcal, 17 g EW, 47 g F, 34 g KH

1 Lauch längs halbieren, putzen, waschen und abtropfen lassen. Möhren putzen, schälen, längs halbieren, beides in dünne Scheiben schneiden.

2 2 l Brühe aufkochen, Graupen darin ca. 30 Min. garen. Möhren zugeben und 5 Min. mitgaren. Lauch zugeben und weitere 5 Min. garen. Graupen und Gemüse in ein Sieb abgießen und heiß abspülen.

3 Inzwischen Kohl putzen, vierteln, Strunk entfernen und den Kohl in feine Streifen schneiden. Öl in einem großen Topf erhitzen, den Kohl darin ca. 5 Min. unter Rühren andünsten. Mit Salz, Pfeffer, Nelken, Kümmel und Majoran würzen. Lorbeer und 600 ml Wasser zugeben, aufkochen und bei mittlerer Hitze zugedeckt 35 Min. garen. Mettwurst in 1 cm große Würfel schneiden, zugeben und weitere 5 Min. garen. Graupen, Gemüse und 500 ml Brühe zum Kohl geben, alles aufkochen und mit Salz, Pfeffer und Essig abschmecken.

GEMÜSE ALS HAUPTSACHE

gut vorzubereiten | gelingt leicht
Gemüse-Couscous

1 Fenchel (ca. 300 g)
300 g Möhren
1 Zwiebel
5 EL Olivenöl
Salz | Pfeffer
200 g Instant-Couscous
½ TL gemahlener Kreuzkümmel
300 g Birnen
150 g Schafskäse (Feta)
1 TL getrockneter Thymian
1 TL Schwarzkümmel oder Sesamsamen

Für 4 Portionen | 35 Min. Zubereitung
Pro Portion ca. 470 kcal, 15 g EW, 23 g F, 51 g KH

1 Fenchel putzen, waschen und in dünne Scheiben schneiden. Möhren putzen, schälen, waschen, 1 cm groß würfeln. Zwiebel schälen, fein würfeln.

2 2 EL Öl erhitzen, Zwiebel und Gemüse darin unter Rühren kräftig anbraten. Mit 150 ml Wasser ablöschen. Salzen, pfeffern und zugedeckt 6–8 Min. garen. Abgießen und etwas abkühlen lassen.

3 Couscous, 1 TL Salz und Kreuzkümmel in einer großen Schüssel mischen. 200 ml kochendes Wasser über den Couscous gießen und quellen lassen.

4 Birnen schälen, vierteln, entkernen und in Spalten schneiden. Schafskäse zerbröckeln. 3 EL Öl in einer beschichteten Pfanne erhitzen. Birnenspalten mit Salz und Thymian im heißen Öl 5–6 Min. braten. Couscous mit einer Gabel auflockern, auf einer Platte mit Gemüse und Birnen anrichten. Käse darauf verteilen und mit Kümmel bestreuen. Dazu schmeckt Joghurt.

würzig | herzhaft
Sauerkrautpfannkuchen

1 Zwiebel
300 g rotschalige Äpfel (z. B. Elstar)
2 EL Gänseschmalz
1 Dose Sauerkraut (520 g Abtropfgewicht)
150 ml Gemüsebrühe
5 Eier (M) | 300 ml Milch
150 g Mehl | 1 TL Backpulver
Salz | Pfeffer
200 g Butterkäse mit Kümmel
250 g Schmand

Für 4–6 Portionen
30 Min. Zubereitung | 30 Min. Backen
Für 6 pro Portion
ca. 460 kcal, 18 g EW, 31 g F, 26 g KH

1 Backofen auf 200° vorheizen. Zwiebel schälen und würfeln. Äpfel waschen, vierteln und entkernen. Viertel in kleine Stücke schneiden. Schmalz in einem Topf erhitzen, Zwiebel und Äpfel darin kurz andünsten. Sauerkraut in einem Sieb abtropfen lassen und dazugeben. Brühe zugießen und alles zugedeckt 10 Min. garen.

2 Eier mit Milch verquirlen. Mehl und Backpulver mischen, zur Eiermilch geben und zu einem glatten Teig verrühren, salzen, pfeffern und 5 Min. quellen lassen. Käse fein würfeln. Schmand unter das Kraut rühren, salzen, pfeffern, vom Herd nehmen.

3 Fettpfanne mit Backpapier auslegen. Den Teig hineingießen und im Ofen (unten, Umluft 180°) 5 Min. backen. Teig aus dem Ofen nehmen. Zügig das Kraut darauf verteilen, mit Käse bestreuen und in 25 Min. fertig backen.

oben: Gemüse-Couscous | unten: Sauerkrautpfannkuchen

festlich | für Gäste

Rosenkohlpfanne mit Lamm und Granatapfel

Ein Fest für die Sinne! Zartes Lamm und feiner Rosenkohl in einer raffinierten Sauce mit exotischen Gewürzen, Granatapfel und Sherry.

800 g Rosenkohl
Salz
1 große Zwiebel
1 Knoblauchzehe
1 walnussgroßes Stück frischer Ingwer
400 g Lammlachse (ausgelöster Lammrücken)
50 g Mandeln
4 EL Olivenöl
Pfeffer
1 gehäufter TL Harissa (scharfe Gewürzpaste)
100 ml trockener Sherry
400 ml Lammfond (aus dem Glas)
2 EL Grenadine (Granatapfelsirup)
1 TL getrockneter Rosmarin
2 Lorbeerblätter
1 gehäufter TL Speisestärke
1 Granatapfel (ca. 400 g)
3 Stiele glatte Petersilie

Für 4 Portionen | 60 Min. Zubereitung
Pro Portion ca. 470 kcal, 81 g EW, 23 g F, 28 g KH

1 Den Strunk vom Rosenkohl abschneiden, anschließend die äußeren unschönen Blättchen abtrennen. Den Strunk mit einem Messer kreuzweise einschneiden. Rosenkohl waschen und in kochendem Salzwasser 12–15 Min. garen. In ein Sieb abgießen, abtropfen lassen.

2 Zwiebel, Knoblauch und Ingwer schälen. Zwiebel und Ingwer fein würfeln, den Knoblauch hacken. Das Fleisch waschen, trocken tupfen und in 3 cm breite Stücke schneiden.

3 Mandeln in einer Pfanne ohne Fett rösten, bis sie anfangen zu duften. Herausnehmen und beiseitestellen. Öl in der heißen Pfanne erhitzen und das Fleisch darin unter Rühren 5 Min. braten, dabei einmal wenden, salzen, pfeffern und herausnehmen. Zwiebel, Knoblauch und Ingwer im heißen Bratöl andünsten. Harissa einrühren und mit Sherry, Fond und Grenadine unter Rühren ablöschen. Rosmarin und Lorbeerblätter zugeben und aufkochen.

4 Stärke und 2 EL kaltes Wasser glatt verrühren und in die Sauce rühren. Aufkochen und 5 Min. bei mittlerer Hitze köcheln lassen.

5 Den Kelchansatz vom Granatapfel keilförmig herausschneiden. Granatapfel mit leichtem Druck auseinanderbrechen, dabei fallen die meisten Kerne heraus. Verbliebene Kerne mit einem Teelöffel herauslösen. Petersilie waschen, trocken schütteln, abzupfen und hacken.

6 Sauce mit Salz abschmecken, Fleisch und Rosenkohl vorsichtig dazugeben und zugedeckt 3–5 Min. erhitzen. Granatapfelkerne und Mandeln unterheben, mit Petersilie bestreuen. Dazu schmeckt Basmatireis.

GEMÜSE ALS HAUPTSACHE

herzhaft | gelingt leicht
Grünkohl-Pasta

400 g Grünkohl | Salz
300 g ausgelöste Kasseler-Koteletts
1 Zwiebel
1 Bio-Zitrone
300 g breite Bandnudeln
3 EL Öl | 1 EL Mehl
1 TL getrockneter Thymian
200 g Sahne
200 ml Fleischbrühe | Pfeffer

Für 4 Portionen | 35 Min. Zubereitung
Pro Portion ca. 610 kcal, 19 g EW, 28 g F, 68 g KH

1 Grünkohl putzen, waschen, grob hacken und in kochendem Salzwasser bei mittlerer Hitze zugedeckt 12 Min. garen. In ein Sieb abgießen, abtropfen lassen und fein hacken.

2 Kasseler in kleine Würfel schneiden. Zwiebel schälen und würfeln. Zitrone waschen, abtrocknen, die Schale fein abreiben. Zitrone halbieren und den Saft auspressen. Nudeln nach Packungsanleitung in kochendem Salzwasser garen. In ein Sieb abgießen und abtropfen lassen.

3 Öl in einem großen Topf erhitzen, Kasseler darin 5 Min. kräftig anbraten. Herausnehmen und beiseitestellen. Zwiebel in das heiße Bratöl geben und kurz andünsten. Mehl darüberstreuen und anschwitzen. Thymian und Zitronenschale zugeben und unter Rühren mit Sahne und Brühe ablöschen. Sauce aufkochen und 5 Min. bei mittlerer Hitze köcheln lassen. Mit Salz, Pfeffer und Zitronensaft abschmecken. Kasseler, Nudeln und Grünkohl in die heiße Sauce geben und darin erwärmen.

raffiniert | einfach
Grünkohl mit Kartoffeln

1 kg Grünkohl | Salz
2 Zwiebeln
3–4 EL Thymian-Tomaten-Schmalz (s. Seite 10, ersatzweise Butterschmalz)
1,2 l Gemüsebrühe | Pfeffer
800 kg kleine vorwiegend festkochende Kartoffeln
50 g Butter
40 g Mehl
250 ml trockener Weißwein
350 ml Milch
½ TL Zimtpulver | ½ TL gemahlene Nelken

Für 4 Portionen | 75 Min. Zubereitung
Pro Portion ca. 465 kcal, 13 g EW, 22 g F, 41 g KH

1 Grünkohl putzen, waschen und grob hacken. Portionsweise in kochendem Salzwasser 1–2 Min. garen. In ein Sieb geben und abtropfen lassen.

2 Zwiebeln schälen und würfeln. Schmalz in einem großen Topf erhitzen, Zwiebeln darin glasig andünsten. Kohl zugeben und 800 ml Brühe zugießen. Zugedeckt 30 Min. bei mittlerer Hitze garen, salzen und pfeffern. Inzwischen Kartoffeln in kochendem Wasser 20 Min. garen, anschließend abgießen, abschrecken und schälen.

3 Butter in einem Topf erhitzen. Mehl zugeben und kurz anschwitzen. Unter Rühren mit Wein, 400 ml Brühe und Milch ablöschen. Zimt und Nelken zugeben und unter Rühren aufkochen. Sauce bei mittlerer Hitze 15 Min. köcheln lassen. Mit Salz und Pfeffer abschmecken. Kartoffeln in die Würzsauce geben und mit dem Grünkohl anrichten.

fein-fruchtig | preiswert

Sellerie-Quitten-Gulasch mit Lammbällchen

Quitten und Sellerie werden hier in Apfelwein geschmort und bekommen so ihr raffiniertes Aroma – dazu gibt es würzige Lammhackbällchen.

800 g Quitten
800 g Knollensellerie
1 Stange Lauch
5 EL Öl
500 ml trockener Cidre (franz. Apfelwein)
250 ml Gemüsebrühe
1 TL getrockneter Majoran
1 TL getrockneter Thymian
2 Lorbeerblätter
400 g Lammhackfleisch
1 Ei (M)
2 EL Semmelbrösel
Salz | Pfeffer
1 TL edelsüßes Paprikapulver
½ TL gemahlener Kümmel
4 Stiele glatte Petersilie
1 gestrichener EL Speisestärke
150 g Sahne

Für 4 Portionen | 50 Min. Zubereitung
Pro Portion ca. 665 kcal, 25 g EW, 48 g F, 20 g KH

1 Quitten vierteln, schälen und das Kerngehäuse entfernen. Sellerie vierteln, schälen und waschen. Sellerie und Quitten in 2 cm große Würfel schneiden. Lauch putzen, in dicke Ringe schneiden, waschen und in einem Sieb abtropfen lassen.

2 3 EL Öl in einem großen Topf erhitzen und Quitten, Sellerie und Lauch darin unter Rühren 5 Min. anbraten. Mit Cidre und Brühe ablöschen. Majoran, Thymian und Lorbeerblätter zugeben. Alles aufkochen und 15 Min. bei mittlerer Hitze zugedeckt garen.

3 Inzwischen Lammhack, Ei und Semmelbrösel verkneten. Mit 1 gestrichenen TL Salz, Pfeffer, Paprikapulver und Kümmel würzen. Hackteig mit angefeuchteten Händen zu 20 kleinen Bällchen formen. 2 EL Öl in einer großen Pfanne erhitzen und die Bällchen darin unter Rühren 6–8 Min. goldbraun braten. Petersilie waschen, trocken schütteln und die Blätter grob hacken.

4 Stärke und Sahne mit einem Schneebesen glatt rühren. Sahnemischung unter das Gulasch rühren, aufkochen und weitere 5 Min. offen köcheln lassen. Gulasch salzen, pfeffern, mit den Lammbällchen anrichten und alles mit Petersilie bestreuen. Dazu schmeckt klassisches Kartoffelpüree (s. S. 26).

GUT ZU WISSEN

Quitten isst man nicht roh, aber aus ihrem Fruchtfleisch lassen sich köstliche Gelees und Kompott kochen. Die herbfruchtigen Quitten können aber noch mehr! Sie schmecken herzhaft zubereitet und geben winterlichen Schmorgerichten ein raffiniertes Aroma.

REGISTER

Zum Gebrauch
Damit Sie Rezepte mit bestimmten Zutaten noch schneller finden können, stehen in diesem Register zusätzlich auch beliebte Zutaten wie **Kartoffeln** und **Nudeln** – ebenfalls alphabetisch geordnet und **hervorgehoben** – über den entsprechenden Rezepten.

A/B

Apfel: Radicchio-Apfel-Salat mit Mozzarella 64
Aufstrich
    Sellerie-Nuss-Aufstrich 11
    Zweierlei Zwiebelschmalz 10
Birnen-Lauch-Schiffchen 9
Butter
    Kürbis mit Thymianbutter 28
    Schwarzwurzeln in Chili-Nuss-Butter 22

C

Carpaccio: Rote-Bete-Carpaccio 18
Chicorée
    Chicorée mit Maronen 21
    Chicorée-Orangen-Salat 64
Couscous: Gemüse-Couscous 52
Crostini: Pastinaken-Pilz-Crostini 11
Curry: Süßkartoffel-Curry 44

F

Feldsalat
    Feldsalat mit Speck 64
    Rote-Bete-Carpaccio 18
    Warenkunde 6

G

Gemüse vom Blech 35
Gemüse-Couscous 52
Gemüserahm: Rote-Bete-Gnocchi in Gemüserahm 48
Gemüse-Steinpilz-Pastete 12
Gnocchi: Rote-Bete-Gnocchi in Gemüserahm 48
Granatapfel: Rosenkohlpfanne mit Lamm und Granatapfel 54
Graupen: Rotkohl-Graupen-Topf 50
Grünkohl
    Grünkohl mit Kartoffeln 56
    Grünkohl-Pasta 56
    Warenkunde 4–6
Gulasch: Sellerie-Quitten-Gulasch mit Lammbällchen 58

H/I

Hagebutten-Rosenkohl 31
Huhn: Steckrüben mit Huhn 36
Italienische Steckrüben 31

K

Kabanossi-Krautfleckerl 40
Kartoffeln
    Grünkohl mit Kartoffeln 56
    Kartoffelpüree (Variante) 26
    Rosenkohl-Kartoffelpüree 26
Kasseler: Grünkohl-Pasta 56
Klöße: Spinatklöße in Ricotta-Tomatensauce 38
Kohl Warenkunde 4–7
Koriander: Topinambur mit Sesam und Koriander 30
Krautfleckerl: Kabanossi-Krautfleckerl 40
Kürbis
    Kürbis mit Thymianbutter 28
    Kürbis-Nudel-Auflauf 46
    Winter-Antipasti 16

L

Lachs: Lauchgemüse mit Lachs 24
Lamm
    Rosenkohlpfanne mit Lamm und Granatapfel 54
    Sellerie-Quitten-Gulasch mit Lammbällchen 58
    Wirsing-Lamm-Lasagne 46
Lauch
    Birnen-Lauch-Schiffchen 9
    Lauchgemüse mit Lachs 24
    Lauchkuchen 36
    Winter-Antipasti 16
Linsen
    Linsensalat mit Sellerie 32
    Süßkartoffel-Curry 44

M/N

Maronen: Chicorée mit Maronen 21
Möhren
    Gemüse vom Blech 35
    Gemüse-Couscous 52
    Rotkohl-Graupen-Topf 50
Mozzarella: Radicchio-Apfel-Salat mit Mozzarella 64
Nudeln
    Grünkohl-Pasta 56
    Kabanossi-Krautfleckerl 40
    Kürbis-Nudel-Auflauf 46
    Rübchen in Orangenrahm 44
    Wirsing-Lamm-Lasagne 46
Nüsse
    Schwarzwurzeln in Chili-Nuss-Butter 22
    Sellerie-Nuss-Aufstrich 11

O

Ofen
    Gemüse vom Blech 35
    Gemüse-Steinpilz-Pastete 12
    Kürbis-Nudel-Auflauf 46
    Lauchkuchen 36
    Sauerkrautpfannkuchen 52
    Sauerkrauttaschen 18
    Schwarzwurzel-Quiche 43
    Steckrüben mit Huhn 36

Überbackener Spinat 23
Wirsing-Lamm-Lasagne 46
Orangen
   Chicorée mit Maronen 21
   Chicorée-Orangen-Salat 64
   Orangen-Wirsing 23
   Rübchen in Orangenrahm 44

P/Q

Pastete: Gemüse-Steinpilz-
   Pastete 12
Pastinaken
   Gemüse vom Blech 35
   Pastinaken-Pilz-Crostini 11
   Warenkunde 4–7
Petersilienwurzel
   Petersilienwurzelsuppe 14
   Warenkunde 4, 7
   Weißkohltopf 50
Pfannkuchen: Sauerkraut-
   pfannkuchen 52
Pilze
   Gemüse-Steinpilz-Pastete 12
   Pastinaken-Pilz-Crostini 11
   Topinambur-Weizen 24
Quiche: Schwarzwurzel-Quiche 43
Quitte: Sellerie-Quitten-Gulasch
   mit Lammbällchen 58

R

Radicchio
   Radicchio-Apfel-Salat mit
     Mozzarella 64
   Radicchio-Risotto 40
Ricotta: Spinatklöße in Ricotta-
   Tomatensauce 38
Risotto: Radicchio-Risotto 40
Rosenkohl
   Hagebutten-Rosenkohl 31
   Rosenkohl-Kartoffelpüree 26
   Rosenkohlpfanne mit Lamm und
     Granatapfel 54
   Rosenkohl-Weizen-Salat 32

Warenkunde 4–7
Rote Bete
   Rote-Bete-Carpaccio 18
   Rote-Bete-Gnocchi in
     Gemüserahm 48
   Warenkunde 4, 7
   Winter-Antipasti 16
Rotkohl-Graupen-Topf 50
Rübchen in Orangenrahm 44

S

Salat
   Chicorée-Orangen-Salat 64
   Feldsalat mit Speck 64
   Radicchio-Apfel-Salat mit
     Mozzarella 64
   Linsensalat mit Sellerie 32
   Rosenkohl-Weizen-Salat 32
Sauerkrautpfannkuchen 52
Sauerkrauttaschen 18
Schmalz: Zweierlei Zwiebel-
   schmalz 10
Schwarzwurzeln
   Gemüse vom Blech 35
   Schwarzwurzeln in Chili-
     Nuss-Butter 22
   Schwarzwurzel-Quiche 43
   Warenkunde 4–6
Sellerie
   Linsensalat mit Sellerie 32
   Sellerie-Nuss-Aufstrich 11
   Sellerie-Quitten-Gulasch mit
     Lammbällchen 58
Sesam: Topinambur mit Sesam
   und Koriander 30
Speck: Feldsalat mit Speck 64
Spinat
   Spinatklöße in Ricotta-
     Tomatensauce 38
   Überbackener Spinat 23
Steckrübe
   Italienische Steckrüben 31
   Steckrüben mit Huhn 36
   Warenkunde 4–7

Suppe
   Petersilienwurzelsuppe 14
   Rotkohl-Graupen-Topf 50
   Weißkohltopf 50
   Zwiebelsuppe 14
Suppengemüse Warenkunde 4
Süßkartoffel-Curry 44

T/U

Teltower Rübchen
   Rübchen in Orangenrahm 44
   Warenkunde 4, 7
Thymian: Kürbis mit
   Thymianbutter 28
Tomaten: Spinatklöße in Ricotta-
   Tomatensauce 38
Topinambur
   Topinambur mit Sesam und
     Koriander 30
   Topinambur-Weizen 24
   Warenkunde 4, 7
   Überbackener Spinat 23

W

Weißkohl
   Kabanossi-Krautfleckerl 40
   Warenkunde 4
   Weißkohltopf 50
Weizen
   Rosenkohl-Weizen-Salat 32
   Topinambur-Weizen 24
Winter-Antipasti 16
Wirsing
   Orangen-Wirsing 23
   Warenkunde 4, 7
   Wirsing süßsauer 28
   Wirsing-Lamm-Lasagne 46

Z

Zweierlei Zwiebelschmalz 10
Zwiebelsuppe 14

IMPRESSUM

Unsere Garantie

Alle Informationen in diesem Ratgeber sind sorgfältig und gewissenhaft geprüft. Sollte dennoch einmal ein Fehler enthalten sein, schicken Sie uns das Buch mit dem entsprechenden Hinweis an unseren Leserservice zurück. Wir tauschen Ihnen den GU-Ratgeber gegen einen anderen zum gleichen oder ähnlichen Thema um.

Liebe Leserin und lieber Leser,

wir freuen uns, dass Sie sich für ein GU-Buch entschieden haben. Mit Ihrem Kauf setzen Sie auf die Qualität, Kompetenz und Aktualität unserer Ratgeber. Dafür sagen wir Danke! Wir wollen als führender Ratgeberverlag noch besser werden. Daher ist uns Ihre Meinung wichtig. Bitte senden Sie uns Ihre Anregungen, Ihre Kritik oder Ihr Lob zu unseren Büchern. Haben Sie Fragen oder benötigen Sie weiteren Rat zum Thema? Wir freuen uns auf Ihre Nachricht!

Wir sind für Sie da!
Montag–Donnerstag: 8.00–18.00 Uhr;
Freitag: 8.00–16.00 Uhr
Tel.: 0180-5 00 50 54*   *(0,14 €/Min. aus
Fax: 0180-5 01 20 54*   dem dt. Festnetz/
E-Mail: Mobilfunkpreise
leserservice@graefe-und-unzer.de   maximal 0,42 €/Min.)

P.S.: Wollen Sie noch mehr Aktuelles von GU wissen, dann abonnieren Sie doch unseren kostenlosen GU-Online-Newsletter und/oder unsere kostenlosen Kundenmagazine.

GRÄFE UND UNZER VERLAG
Leserservice
Postfach 86 03 13
81630 München

© 2011
GRÄFE UND UNZER VERLAG GmbH, München

Alle Rechte vorbehalten. Nachdruck, auch auszugsweise, sowie die Verbreitung durch Film, Funk, Fernsehen und Internet, durch fotomechanische Wiedergabe, Tonträger und Datenverarbeitungssysteme jeglicher Art nur mit schriftlicher Genehmigung des Verlages.

Projektleitung: Tanja Dusy
Lektorat: Dr. Stephanie Kloster
Korrektorat: Mischa Gallé
Layout, Typografie und Umschlaggestaltung: independent Medien-Design, Horst Moser, München
Satz: Liebl Satz+Grafik, Emmering
Herstellung: Claudia Labahn
Reproduktion: Repro Ludwig, Zell am See
Druck: Firmengruppe APPL, aprinta druck, Wemding
Bindung: Firmengruppe APPL, sellier druck, Freising

Syndication:
www.jalag-syndication.de

ISBN 978-3-8338-2258-2

1. Auflage 2011

Umwelthinweis
Dieses Buch ist auf PEFC-zertifiziertem Papier aus nachhaltiger Waldwirtschaft gedruckt. Um Rohstoffe zu sparen, haben wir auf Folienverpackung verzichtet.

Ein Unternehmen der
GANSKE VERLAGSGRUPPE

Die Autorin

Ira König ist freie Food-Journalistin und Kochbuchautorin. Die Wahlhamburgerin liebt Gemüse über alles und hat auch schon den Küchenratgeber »Sommergemüse« geschrieben. Was liegt da näher, als sich auch mit den aromatischen Gemüsesorten des Winters zu beschäftigen?

Der Fotograf

Jörn Rynio zählt zu seinen Auftraggebern internationale Zeitschriften, namhafte Buchverlage und Werbeagenturen. Mit klarem Stil, einer großen Portion Kreativität und appetitanregendem Styling setzt der Hamburger Fotograf Food-Spezialitäten aus aller Welt stimmungsvoll in Szene. Tatkräftig unterstützt wird er dabei von seinen Stylistinnen Petra Speckmann (Food) und Michaela Suchy (Requisite).

Bildnachweis

Titelfoto: Martina Görlach, München;
Fotos Seite 5 oben rechts und unten Mitte: StockFood, München;
alle anderen Fotos: Jörn Rynio, Hamburg

Titelbildrezept

Rosenkohlpfanne mit Lamm und Granatapfel von Seite 54

Die Temperaturangaben bei Gasherden variieren von Hersteller zu Hersteller. Welche Stufe Ihres Herdes der jeweils angegebenen Temperatur entspricht, entnehmen Sie bitte der Gebrauchsanweisung. Bei Elektroherden können die Backzeiten je nach Herd variieren.

Kochlust pur

Die neuen KüchenRatgeber – da steckt mehr drin

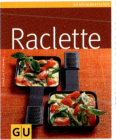

Änderungen und Irrtum vorbehalten

Das macht sie so besonders:
- Neue mmmh-Rezepte – unsere beste Auswahl für Sie
- Praktische Klappen – alle Infos auf einen Blick
- Die 10 GU-Erfolgstipps – so gelingt es garantiert

Willkommen im Leben.

Einfach göttlich kochen und himmlisch speisen?

Die passenden Rezepte, Küchentipps und -tricks

in Wort und Film finden Sie ganz einfach unter:

www.küchengötter.de

Salate, Pickles und mehr

Chicorée-Orangen-Salat (4 Personen)
750 g Chicorée putzen, in Streifen schneiden, waschen und trocken schleudern. 2 Orangen so schälen, dass die weiße Haut vollständig entfernt wird. Filets zwischen den Trennhäuten herausschneiden, den Saft dabei auffangen. Saft, 1 EL Essig, 3 EL TK-Salatkräuter, 1 EL Mayonnaise und 2 EL Schmand verrühren. Sauce mit Salz, Pfeffer und Zucker abschmecken. Chicorée, Orangenfilets und Dressing mischen.

Radicchio-Apfel-Salat mit Mozzarella (4 Personen)
500 g Radicchio putzen, in Streifen schneiden, waschen und trocken schleudern. 2 EL Essig, 1 EL Senf, 50 ml Gemüsebrühe, 1 TL flüssiger Honig, Salz und Pfeffer verrühren. 4 EL Olivenöl unterrühren. 1 Apfel waschen, vierteln, entkernen und in kleine Würfel schneiden. 125 g Mozzarella abtropfen lassen und würfeln. 2 Frühlingszwiebeln putzen, waschen und hacken. Alles mischen, pfeffern.

Feldsalat mit Speck (4 Personen)
1 Zwiebel schälen und würfeln. 100 g durchwachsenen Räucherspeck fein würfeln, in einer Pfanne ohne Fett knusprig auslassen, auf Küchenpapier abtropfen lassen. Zwiebel in der Pfanne kurz andünsten, mit 5 EL Gemüsebrühe und 2 EL Essig ablöschen, salzen, pfeffern und vom Herd nehmen. 400 g Feldsalat putzen, waschen und trocken schleudern. 4 EL Öl unter die Essigmischung schlagen und mit dem Salat mischen, mit Speck bestreuen.